いろんな食べ方大発見！
毎日を笑顔にする
とっておきレシピ

# ピーナッツバターの本

誠文堂新光社

**落**ちた

**花**が土にもぐって、

**生**を授かる。

そんな、ちょっとロマンティックな

名前の豆からできたピーナッツバター。

みんなの生活を、ちょっぴり

素敵に彩ってくれるんです。

PEANUT BUTTER

# パンに塗るだけじゃないんです。

知らないともったいない！
たくさんの素敵な、
ピーナッツバターの楽しみ方。

# お試しあれ!

by HAPPY NUTS DAY

# もくじ

010　はじめに

012　本書は、「ピーナッツバターのある暮らし」を提案します

014　Part1
**おうちでトライ!　マイ・ピーナッツバターを作ろう**

020　Part2
**アレンジ自在!　マイ・ピーナッツバターの食べ方**

021 チーズ×ピーナッツバター | 022 2種類のドレッシング |
025 ドレッシングのおいしい活用術 | 026 豆腐のディップ |
028 エスニックフムス | 030 エスニックフムスのおいしい活用術 |
031 ナッツとフルーツのスムージーボウル | 032 蓮根と人参のきんぴら |
033 かぼちゃとブロッコリーのサラダ | 034 丸ごとパプリカのポタージュ |
036 チキンサテ | 038 ズッキーニの肉味噌づめ |
040 海老のココナッツミルク煮 | 042 牛スネ肉のアジアンカレー |
046 鶏のフォー | 048 豆乳担々麺 | 050 アボカドとカカオのプリン |
052 ベリーのフォカッチャ | 058 レアチーズケーキ | 060 ビスコッティ

064　ピーナッツ豆知識　知られざるパワーフード!?

066　実験!　ピーナッツバターに合うジャムを探せ

068　column01　「世にも器用で頼もしいピーナッツバター君」　byマッキー牧元さん
070　column02　「トーストはしません。わたしのとっておきピーナッツバターの愛で方」　by平野紗季子さん

072 Part3
食べ方新発見！　みんなのピーナッツバターライフ

073 このま食堂：稲葉綾子さん｜074 パン工房 森のぶどう：清水啓さん｜
076 ベイクルーズ：野田晋作さん｜078 THE ROASTERS：神谷健さん｜
079 BrooklynRibbonFries：りゅうさん｜080 good design market KÖK（ショーク）：本田英宣さん｜
082 DEAN & DELUCA:田崎丈博さん｜083 料理家：真藤舞衣子さん｜
084 FOOD&COMPANY：谷田部摩耶さん｜085 FOOD&COMPANY：高木裕美さん｜
086 Ustyle：中田聖加瑠さん｜087 ブランディングディレクター：福田春美さん｜
088 シェルシュ：丸山智博さん｜089 Nick：八重樫元基さん｜
090 84（はちよん）：大田浩史さん｜092 白楽ベーグル：川崎太一さん｜
094 NEIGHBORS BRUNCH withパンとエスプレッソと：皆川香絵さん｜
096 CORNER STORE：大賀良平さん｜097 料理家：山田英季さん｜
098 宮崎 上水園：本田文子さん｜099 エスケールカフェ：北垣勝彦さん｜
100 graf：川西万里さん｜101 graf Shop&Kitchen：中野隼さん｜
102 BAR INC：藤田祐介さん

103 みんなで歌おう！　ピーナッツバターの歌

104 新しい食べ方発見！　中国料理とピーナッツバターの仲良しな関係

110 15の食材とピーナッツバターを合わせてみました
「ピーナッツバター」×「○○」のおいしい出会い

112 フードディレクター野村友里さんのピーナッツバター

114 見つけた！　注目インスタグラマーをピックアップ
わたしの大好きなピーナッツバターレシピ

120 こだわりを探す
ピーナッツバターライフを叶える、ショップ案内

126 おわりに

＊ 分量の小さじは5cc、大さじは15cc
＊ 電子レンジは600Wを使用した場合の加熱時間です（機種や庫内の温まり状況により加熱のかかり具合が変わる場合もあります）。加熱後は熱くなっているので、食材の取り出しには十分注意して下さい

# はじめに

2012年の春、スケボー仲間達と遊びに行った千葉県の海沿いにある農場で、“はねだし”と呼ばれる、とってもおいしいのに形が悪いから商品にならないという可哀想なピーナッツに出会いました。当時の僕らは、これでピーナッツバターを作ろうよ！　と大盛り上がり。早速、その農家さんにピーナッツを少し分けてもらいました。料理の経験がほとんどない僕らは、キャンプグッズで焙煎し、親に貸してもらったすり鉢で、ゴリゴリと夢中でピーナッツを擦り始めました。腕がパンパンになりながらも、売り物にならないと無下にされるピーナッツを擦り続けると、キラキラと輝くトロトロのピーナッツバターができたんです。その喜びはまるで、普段は通り過ぎる街の階段が、スケートボードで飛ぶことで、絶好の遊び場として輝く興奮にどこか似ていました。

気づけばピーナッツバターに魅了され、どんなものを作ったらみんなが喜ぶんだろうと、色々な種類をプラスチックのカップに詰め、手描きのポップと共に何度も道の駅に出店しました。お客さんたちに試食を勧める度、味やきめの細かさに関するさまざまな意見が出てきました。でも、好みはみんな違って当然。結局は皆の意見を参考にしつつも、「僕らが思う世界一おいしいピーナッツバターを作ろうよ。それでみんなのハッピーな1日の脇役にでもなれたら最高だね！」なんて話をしながら2013年の夏、HAPPY NUTS DAYというピーナッツバターブランドを立ち上げました。はじめは中々相手にしてくれなかった農家さんや焙煎師さんもだんだん協力してくれるようになり、すり鉢で始めた試作から数年、僕らが思う世界一のピーナッツバターが完成しました。

早速、誰かに食べてもらおうと持って行ったのが本書にも登場する野村友里さん。なんだか面白がってくれて、原宿にある彼女のレストラン「restaurant eatrip」で置いてくれることに。それをきっかけに全国から、ウチの店でも販売したいと声をかけて頂ける様になり、今では100店舗を超える仲間ができました。

そしてこの度、日本初のピーナッツバターの本を制作する素晴らしい機会を頂く事ができました。本書ではHAPPY NUTS DAYが生まれてからの3年間で出会った、素敵な仲間たちと共にピーナッツバターの楽しみ方を紹介します。

本書が、みなさんのハッピーな1日のきっかけとなりますように！

HAPPY NUTS DAY

代表取締役 中野剛

# 本書は、
# 「ピーナッツバターのある暮らし」
# を提案します

## どんな
## ピーナッツバター？

### 落花生の素材を
### 活かしたシンプルで
### 優しい味

ピーナッツバターには、オイルや砂糖をたっぷり使う甘いタイプが多いですが、本書で使うのは良質な落花生に少量の砂糖と塩を加えた、自然派タイプ。素朴でおいしいピーナッツバターは、今までのピーナッツバターの常識をいい意味で裏切ります。

## ピーナッツバターの
## 用意の仕方は？

### おうちで簡単に
### 手づくり
### できちゃいます

ミキサーがあれば30分ほどでおいしいピーナッツバターが完成。国産の落花生を使うことがポイント。香りの高さやコク、甘みがあるため、上質なピーナッツバターが作れます。作ったピーナッツバターは冷蔵庫で約1ヵ月間保存可能です。

「ピーナッツバターはたまにパンに塗るけど、いつの間にか冷蔵庫で眠っている」、「ひと瓶も使い切れなくて……」という人は多いかもしれません。でも、本書に出てくるいろんな人の食べ方を知ると、おうちごはんやお弁当など、毎日の食事がもっと楽しくなるでしょう。

## Q.3

## ピーナッツバターをどう使う？

朝・昼・夜いつでも
食べたくなる
魅惑のレシピを
たっぷり紹介！

混ぜるだけ、和えるだけで作れる簡単なものから、エスニック、和食と手間をかけて作りたくなるものまで、食べたい気分で選べるバリエーションをご用意。ピーナッツバター＝パンに塗るものと思っていた人にとってはまさに目からウロコ！

## Q.4

## 全てがピーナッツバター味になる？

食べてみればわかる！
びっくりするほど
味わい豊か

ピーナッツバターを加えることでコクが加わり、定番メニューの味が一気にグレードアップ。マヨネーズやしょう油、ナンプラーにお酢など、調味料との組み合わせで味の幅がぐんと広がります。自分でカスタムする楽しさをぜひ味わってください。

## Part1 おうちでトライ！

# マイ・ピーナッツバターを作ろう

HAPPY NUTS DAY直伝！ おうちで作れるオリジナルレシピです。シンプルな材料で作るピーナッツバターは、甘さ控えめで、いろんな料理に使えます。

## 材料｜作りやすい分量

### ピーナッツ…100g

外国産・国産、味付き・味なしと様々な種類がありますが、国産（特に千葉県産）の味付けのないピーナッツを選びましょう。「ナカテユタカ」や「千葉半立」という品種があり、香りの高さや甘み、コクが格別です。しっとりとしたおいしいピーナッツバターには殻付き、殻なしどちらでも構いません。

### 砂糖（てんさい糖）…13g

砂糖の種類によって、仕上がりの風味が変わります。HAPPY NUTS DAYではてんさい糖を使用しています。オリゴ糖をたっぷり含み、爽やかであっさりとした甘みです。他に、上白糖やグラニュー糖、三温糖などでも作れます。上白糖とグラニュー糖はソフトな風味、三温糖は甘みが強く引き立ちます。

### 塩…ひとつまみ

砂糖の甘さを引き立て、ピーナッツバターの味を引き締めてくれる塩。海塩や岩塩など様々な種類がありますが、どれを使ってもいいです。HAPPY NUTS DAYでは千葉県産の海塩を使っています。粒の粗い塩は、塩味がしっかりアクセントに。細かい塩は、全体にまろやかな塩気がいきわたります。

ご使用のミキサーのサイズによって、少なすぎると撹拌しない場合があります。
上記の分量の配合をベースにして、使用のミキサーに合わせて材料を増やしてください。

## 道具

### ミキサー

材料を撹拌し、バター状にするにはミキサーまたはフードプロセッサーを用意しましょう。

### フライパン

ピーナッツを煎って香りを出すために使います。フライパンのサイズは気にしなくてOK。

### ヘラ

できたピーナッツバターをすくうには、木べらよりゴムベラが便利です。

### 保存瓶

好みの瓶を用意してください。使用前によく洗い熱湯消毒をしておきましょう。

作り方

## 1 皮をむく

薄皮には渋みがあるので、取ってから使います。手のひらにのせてこすれば、まとめて皮がむけます。

## 2 フライパンで煎る

油を引かずにフライパンに入れ、弱めの中火でそっとゆらしながら煎ります。香りが立ち、軽く表面がつやっぽくなったら取り出します。長時間煎ると焦げやすいので気をつけましょう。

## ❸ 材料を全て入れる

ミキサーまたはフードプロセッサーに、ピーナッツ、砂糖（てんさい糖）、塩を入れます。

## ❹ 撹拌する

ミキサーにかけ撹拌し、ピーナッツの粒が細かくなったら、いったん止めてゴムベラで全体を混ぜます。

## 5 よく混ぜて、さらに撹拌する

さらに撹拌し、止めて、全体を混ぜるを繰り返します。ピーナッツの油分が出て、おからのような状態になります。

## 6 状態を確認する

さらに攪拌し、ねっとりとクリーム状になったらストップ。全体が混ざっているかゴムベラで確認します。

## 7 瓶に入れてでき上がり

＼ほらできた！／

熱湯消毒した保存瓶に入れます。

＼ワンモアアイデア！／

### ミキサーの中の残ったピーナッツバターにミルクをプラス

粘度が強いピーナッツバターはゴムベラで取りきれず残ってしまうことがあります。このまま洗ってしまうのはもったいない！　おいしいピーナッツバターミルクを作りましょう。牛乳を注いで、ミキサーで撹拌して、グラスに注げば、残ったピーナッツバターも余すところなくいただけます。

ピーナッツバターミルク
のでき上がり♪

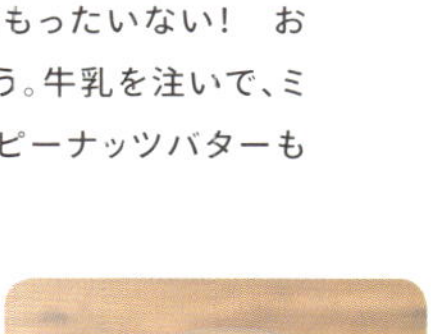

Part2 アレンジ自在！

# マイ・ピーナッツバターの食べ方

Part1で作ったピーナッツバターを使うレシピをご紹介。加えるだけの簡単アレンジから意外な使い方まで、バラエティ豊か。あっという間に使い切るかも!?

# チーズ×<br>ピーナッツバター

クリーミィなチーズに
ピーナッツバターをトッピング。
ほのかに甘いピーナッツバターと
チーズの塩気が
良いコンビネーションになります

**材料｜お好み分量**

- ピーナッツバター…適量
- カマンベールチーズ…適量
- リコッタチーズ…適量
- ドライフルーツやナッツ、バケットなど好みの食材…適量

**作り方**

1. カマンベールチーズは食べやすい大きさに切り、リコッタチーズと共にプレートに盛り付ける。
2. ピーナッツバター、好みのドライフルーツやナッツ、バケットを添えてでき上がり。

Ⓐ
ピーナッツバター
×
ビネガー
Ⓑ
ピーナッツバター
×
マヨネーズ

# 2種類のドレッシング

**酸っぱい系、こっくり系の２種類のドレッシングは**
**どちらもピーナッツバターがおいしさを引き出す隠し味。**
**ディップやソースにも使える万能ドレッシングです**

## Ⓐピーナッツバター×ビネガー

**材料｜作りやすい分量・でき上がり量約120ml**

- ピーナッツバター…大さじ1
- 玉ねぎ…1/8個
- パセリ…1/2本
- トマト…1/4個
- 生姜…1かけ
- 白ワインビネガー…大さじ2
- オリーブオイル…大さじ2
- 塩…小さじ1
- 水…大さじ1

**作り方**

1. 玉ねぎとパセリはみじん切りにし、トマトは粗めのみじん切り、生姜はすりおろす。
2. 1とそのほかの材料すべてを混ぜ合わせる。

Point

玉ねぎは粗く刻むと辛みが強くでるので、細かなみじん切りにしましょう。すりおろして使うとなめらかな食感になります。

## Ⓑピーナッツバター×マヨネーズ

**材料｜作りやすい分量・でき上がり量約120ml**

- ピーナッツバター…大さじ2
- ニンニク…1/2かけ
- マヨネーズ…大さじ2
- 味噌…大さじ1
- 米酢…小さじ1
- 牛乳…大さじ3
- 塩・こしょう…適量
- 砕いたピーナッツ…適量

**作り方**

1. ニンニクはすりおろす。
2. 塩・こしょう以外のすべての材料をボウルに入れてよく混ぜ、味をみながら塩・こしょうを加えて味を調える。

**Point**

材料をすべて混ぜて、味をみて少しまろやかさを足したければ牛乳をプラスしましょう。

# ドレッシングのおいしい活用術

## Ⓐ ピーナッツバター×ビネガードレッシングの 豚しゃぶと茄子のサラダ

**材料｜2人分**

- ピーナッツバター×ビネガードレッシング（P.23）…適量
- 茄子…2本
- ごま油…大さじ1
- もやし…1/2袋
- 豚バラ肉（薄切り）…150g
- 酒…大さじ1
- 塩・こしょう…適量
- みょうが…2個
- 青ねぎ…約10cm

**作り方**

1. 茄子は縦半分に切り、さらに縦に2〜3等分に切って水にさらす。
2. 耐熱容器に茄子を並べ、ごま油をかける。その上にもやし、豚バラ肉を順に重ね、酒、塩・こしょうをしてラップをふんわりとかけ、電子レンジで3〜4分加熱する。
3. 器に❷を盛り、ピーナッツバター×ビネガードレッシングをかけ、薄切りにしたみょうがと小口切りにした青ねぎをトッピングする。

## Ⓑ ピーナッツバター×マヨネーズドレッシングの 具だくさん生春巻

**材料｜2人分**

- ピーナッツバター×マヨネーズドレッシング（P.24）…適量
- 春雨（乾燥）…50g
- ごま油…小さじ1
- ナンプラー…小さじ1
- 海老…6尾
- きゅうり…1本
- 青じそ…4枚
- 生春巻きの皮…4枚

**作り方**

1. 春雨は茹で、ごま油とナンプラーを加え、和える。
2. 海老は背わたを取って茹で、縦半分に切る。きゅうりは細切りにする。
3. 生春巻きの皮を水でしめらせ、海老、青じそ、春雨、きゅうりをバランス良くのせて、巻く。器にピーナッツバター×マヨネーズドレッシングを添える。

# 豆腐のディップ

**なめらかな絹ごし豆腐に
ピーナッツバター、ナンプラーを加えた
アジアンテイストのディップ。
生野菜がいくらでも食べられちゃう、
魅惑のディップです**

**材料｜作りやすい分量・でき上がり量約150g**

- ピーナッツバター…小さじ2
- パクチー…適量
- 絹ごし豆腐…100g
- ナンプラー…小さじ2
- ハチミツ…小さじ1
- レモン汁…小さじ2
- 鶏ガラスープの素…小さじ1と1/2
- 食べやすい大きさにカットしたパプリカやブロッコリーなど好みの野菜…適量

**作り方**

1. パクチーを細かく刻む。
2. ボウルに全ての材料を入れ、小さい泡立て器でよく混ぜる。
器に盛り、好みの野菜を添えてでき上がり。

**Point**

絹ごし豆腐を潰し、ピーナッツバターやハチミツをよく絡ませるには小さい泡立て器が最適。絹ごし豆腐が材料と混ざり、ふわふわな質感になるまで混ぜましょう。

# エスニックフムス

**缶詰のひよこ豆とフードプロセッサーを使えば、
短時間で本格フムスが作れます。
サンドイッチやピザ、アレンジも自在です**

**材料｜作りやすい分量・でき上がり量約400g**

- ピーナッツバター…大さじ3
- ニンニク…1かけ
- オリーブオイル…適量
- ひよこ豆（缶詰・ボイルタイプ）…250g
- 缶詰の汁…大さじ3〜4
- レモン汁…大さじ1と1/2
- 塩…小さじ1/3
- こしょう…少々
- クミンパウダー…小さじ1/4
- クミンシード…適量

**作り方**

1. ニンニクはみじん切りにする。フライパンにオリーブオイルを入れ、ニンニクを加えて弱火にかけて色がつかない程度に炒める。
2. クミンシード以外の全ての材料をフードプロセッサーに入れ、なめらかになるまで撹拌する。
3. 2を器に盛り、クミンシード、オリーブオイル（分量外）をかける。

Point

フードプロセッサーの撹拌は、全体がよく混ざりふんわりとしたなめらかな質感になったらでき上がり。

# エスニックフムスのおいしい活用術

## エスニックフムスの<br>ピタパンピザ

**材料｜2人分**

- エスニックフムス（P.28）…100g
- ピタパン…2枚
- ベビーリーフ…20g
- ミニトマト…2〜3個
- カッテージチーズ…大さじ2
- 塩・こしょう…適量
- オリーブオイル…適量

**作り方**

1. ピタパンは軽くトーストして温め、エスニックフムスを片面に塗る。
2. 1にベビーリーフ、3〜4等分に切ったミニトマト、カッテージチーズをトッピングする。
3. 塩・こしょう、オリーブオイルをかける。

## エスニックフムスの<br>焼きキノコ

**材料｜直径15cmの器1個分**

- エスニックフムス（P.28）…150g
- まいたけ…1/2袋
- しめじ…1/2袋
- 粉チーズ…大さじ1
- オリーブオイル…大さじ1
- クミンシード…適量

**作り方**

1. 耐熱容器にエスニックフムスを平らになるように入れ、一口大に切ったまいたけとしめじをのせる。
2. 粉チーズとオリーブオイルを全体にかけ、クミンシードをふる。
3. オーブントースターで約8〜10分加熱し、焼き色がついたらでき上がり。

# ナッツとフルーツのスムージーボウル

**パイナップルとマンゴー、**
**バナナにピーナッツバターを**
**加えたスムージーは**
**ほんのりナッツのコクがおいしいアクセント**

**材料｜2人分**

- ピーナッツバター…大さじ2
- パイナップル…100g
- マンゴー…100g
- バナナ…1本
- 無糖ヨーグルト…200g
- チアシード…大さじ1
- ピーナッツ、グラノーラ、かぼちゃの種など好みのトッピング…適量

**作り方**

1. パイナップル、マンゴー、バナナはトッピング用に少し取っておき、残りはスムージー用にザク切りにする。
2. 1とピーナッツバター、無糖ヨーグルト、チアシードをミキサーで撹拌し、器に入れて冷蔵庫で冷やす。
3. 冷蔵庫から取り出し、好みのトッピングと1で取っておいたフルーツをのせる。

# 蓮根と人参のきんぴら

**定番のきんぴらは**
**ピーナッツバターを加えるだけで**
**香ばしい風味がプラス。お酒のおつまみにも◎**

**材料｜2人分**

- ピーナッツバター…小さじ1
- 蓮根…1/2節
- 人参…1/2本

Ⓐ
- しょう油…小さじ2
- みりん…小さじ2
- 酒…小さじ1
- 水…小さじ1

- 砕いたピーナッツ…適量

**作り方**

1. 蓮根と人参はいちょう切りにする。ピーナッツバターとⒶをよく混ぜ合わせておく。
2. フライパンにサラダ油小さじ1（分量外）をひき、蓮根と人参を炒める。蓮根が少し透き通るぐらいになったら、1で合わせた調味料を入れて水分を飛ばすように全体を炒め合わせる。
3. 器に盛り、砕いたピーナッツをかける。

# かぼちゃとブロッコリーのサラダ

ピーナッツバター、ヨーグルト、マヨネーズで作るドレッシングに野菜を和えるだけ。
パンと食べたいサラダです

**材料｜2人分**

- ピーナッツバター…小さじ1
- かぼちゃ…1/8個
- ブロッコリー…1/4株
- 玉ねぎ…1/4個
- ベーコン…2枚
- A
  - 無糖ヨーグルト…大さじ2
  - マヨネーズ…大さじ2
  - 塩・こしょう…適量

**作り方**

1. かぼちゃとブロッコリーは一口大に切る。玉ねぎはみじん切り、ベーコンは1cm幅に切る。
2. 大きめのボウルにピーナッツバターとAを入れて、よく混ぜ合わせておく。
3. かぼちゃは耐熱容器に入れ、ラップをして電子レンジで4～5分加熱する。ブロッコリーも同様に電子レンジで1分半～2分加熱する。
4. フライパンを熱し、油をひかずにベーコンをカリカリになるまで焼く。ベーコンを取り出し、同じフライパンで玉ねぎを炒める。3とベーコン、玉ねぎの粗熱が取れたら、2のボウルに入れ全体を和えて、器に盛る。

Point

かぼちゃとブロッコリーは電子レンジで加熱した後、バットに入れ粗熱を取ります。ドレッシングと和える時は必ず粗熱が取れているのを確認しましょう。

# 丸ごとパプリカのポタージュ

**ひとり分でパプリカを丸ごと1個使う栄養満点のポタージュ。
夜遅いディナーや朝に飲みたい優しい味。
バターとピーナッツバターでコクを出しました**

**材料｜2人分**

- ピーナッツバター…大さじ1
- 赤パプリカ…2個
- 玉ねぎ…1/4個
- ニンニク…1かけ
- バター…10g
- ブイヨンスープ…200ml
- 牛乳…200ml
- 塩…小さじ1/2
- こしょう…少々
- パセリ…適量

**作り方**

1. 赤パプリカを適当な大きさに切り、耐熱皿に並べラップをし、電子レンジで2分、赤パプリカを裏返しさらに2分加熱する。粗熱が取れたら、皮をむく。
2. 1と玉ねぎは細切り、ニンニクは薄切りにする。
3. フライパンにバターを入れ弱火にかけ、バターが溶けたら玉ねぎとニンニクを入れる。玉ねぎがしんなりしたら、赤パプリカとブイヨンスープ、ピーナッツバターを加え、全体をよく混ぜる。
4. 3をミキサー（またはフードプロセッサー）に入れ、なめらかになるまで撹拌する。蓋を開けて、牛乳を少しずつ加えながら混ぜ、全体がなめらかになったら鍋に移して温める。
5. 塩・こしょうで味を調え、器に盛り、刻んだパセリをトッピングする。

Point

パプリカは皮をむくことで、舌ざわりのなめらかなポタージュに仕上がります。電子レンジを使えば、つるんと簡単に皮がむけます。

# チキンサテ

**インドネシア名物、ピーナッツソースを絡める**
**チキンの炭火焼きは、マイ・ピーナッツバターを使えば**
**簡単に本格的な味わいに仕上がります**

**材料｜2人分**

- ピーナッツバター…大さじ1
- 鶏もも肉…1枚（約300g）
- 黄パプリカ…1個
- ライム…1/4個
- パクチー…適量

A
- しょう油…大さじ2
- ごま油…大さじ1
- ハチミツ…小さじ1
- 酒…大さじ1
- 玉ねぎのすりおろし…1/4個分
- ニンニクのすりおろし…1かけ分
- チリパウダー…少々
- ターメリック…小さじ1/2
- 水…大さじ2

### 作り方

❶ 鶏もも肉を一口大に切る。ビニール袋にピーナッツバターとⒶ、鶏もも肉を入れて、全体になじむように手で揉み、冷蔵庫で30分～一晩漬け込む。

❷ ❶の漬けダレをよくきり、キッチンペーパーでさらに拭き取る。

❸ 竹串を水で濡らし、鶏もも肉と一口大に切ったパプリカを交互に差し、竹串の手で持つ部分にアルミホイルを巻く。

❹ 焼き網にサラダ油（分量外）を塗り、❸を並べて鶏もも肉に火が通るまで焼く。❷の漬けダレをフライパンに入れとろみがつくまで煮詰める。器に盛り、ライムやパクチーを添え、漬けダレを好みでかける。

**Point**

網で焼く時は途中で竹串が焦げてしまうので、必ずアルミホイルを巻いてガードしましょう。

# ズッキーニの肉味噌づめ

ピーナッツバターと味噌がベースの肉味噌は
味がしっかりとついて、淡白なズッキーニと相性ばっちり。
冷めてもおいしいからお弁当のおかずにもおすすめです

## 材料｜2人分

- ピーナッツバター…大さじ2
- ズッキーニ…2本
- ねぎ…10cm
- 生姜…1かけ
- 鶏ひき肉…150g
- サラダ油…大さじ1
- 酒…大さじ1
- Ⓐ
  - 味噌…大さじ2
  - みりん…大さじ1
  - 鶏ガラスープの素…小さじ1/2
  - 水…大さじ1
  - 塩・こしょう…適量
- モッツアレラチーズ…80～100g

## 作り方

1. ズッキーニは縦半分に切り、スプーンで白い部分をくり抜く。くり抜いた白い部分、ねぎ、生姜をみじん切りにする。
2. フライパンにサラダ油をひき、鶏ひき肉と、ねぎ、生姜、酒を加えて炒める。鶏ひき肉の色が変わったら、ズッキーニの白い部分を加えてさらに炒める。
3. Ⓐとピーナッツバターを加え、水分がなくなるまで炒める。
4. ❸をズッキーニに詰めて、モッツアレラチーズをのせる。200℃に予熱したオーブンで10～12分焼いて、でき上がり。

### Point

縦半分に切ったズッキーニをバットやまな板など平たい場所に置き、スプーンで中身をくり抜きます。その中身も肉味噌の餡にします。

# 海老のココナッツミルク煮

**ココナッツミルクにピーナッツバターを加える事で、ナッツの風味が加わりよりクリーミィ。海老のかわりに鶏肉にしてもおいしく、ごはんにもパンにも合う味**

**材料｜2人分**

- ピーナッツバター…小さじ1
- 海老…6〜8尾
- ほうれん草…1/2束
- ミニトマト…8個
- オリーブオイル…大さじ1
- 白ワイン…大さじ1
- ココナッツミルク…200ml
- 固形ブイヨン…1個
- タイム…2〜3枝
- しょう油…小さじ1

**作り方**

1. 海老はよく洗い、背に切り込みを入れて背わたを取る。ほうれん草は3cm幅に切る。
2. フライパンにオリーブオイルをひき、海老、白ワインを入れる。海老の表面が色づいたらフライパンから取り出す。
3. 2のフライパンにココナッツミルクを入れひと煮立ちさせる。ほうれん草、ヘタをとった丸のままのミニトマト、ピーナッツバター、固形ブイヨン、しょう油とタイムを入れ、1/3ぐらいになるまで煮詰めたら海老を加え、全体をなじませたら器に盛る。

**Point**

海老は火が入りすぎると固くなってしまうので、色が変わったらすぐにフライパンから取り出します。

# 牛スネ肉のアジアンカレー

# 牛スネ肉のアジアンカレー

**レッドカレーペーストを使ったスパイシーなカレー。
ペーストを入れる前にひと晩ねかせることで、
深いコクとうまみが出ます**

## 材料｜3〜4人分

- ピーナッツバター…大さじ1と1/2
- 牛スネ肉…200g
- 玉ねぎ…1個
- バター…10g
- トマト缶…1缶（400g）
- たけのこ（水煮）…100g
- アスパラガス…4本
- エリンギ…1本
- レッドカレーペースト…1袋（50g）
- ココナッツミルク…250ml
- A
  - ケチャップ…大さじ2
  - ナンプラー…大さじ2
  - ウスターソース…大さじ1

## 作り方

1. 牛スネ肉は一口大に切り、玉ねぎは薄切りにする。
2. 鍋にバターを入れ、玉ねぎがしんなりするまで炒める。トマト缶、水400ml（分量外・トマト缶の缶1杯分）、牛スネ肉を加える。中火で沸騰したら、弱火にして30分程煮込み、火を止め一晩ねかせる。
3. 一晩ねかせた後、再び火にかけ温まったら、一口大に切ったたけのこ、アスパラガス、エリンギ、レッドカレーペーストを加える。
4. 野菜に火が通ったら、ピーナッツバター、ココナッツミルク、Aを加え全体を混ぜ、弱火で5分煮込んででき上がり。

**Point**

時間があまりない場合は、3時間程度おくだけでもOK。

# 鶏のフォー

**ピーナッツバターとナンプラーをベースにしたソースで**
**米麺を和える、汁なしフォー。**
**暑い日や食欲のない日でもさっぱり食べられます**

## 材料｜2人分

- ピーナッツバター…小さじ2
- 米麺（乾燥）…2人分（約140g）
- もやし…1/4袋
- ニラ…1/2束
- 鶏ささみ肉（または鶏むね肉）…100g
- 酒…大さじ1
- 干し海老…10g

Ⓐ
- 酢…大さじ1
- ナンプラー…大さじ1
- しょう油…大さじ1
- ごま油…大さじ1
- 砂糖…小さじ1

- 砕いたピーナッツ…適量
- パクチー…適量
- レモン…1/4個

## 作り方

1. 米麺は表示通りに茹で、茹であがる1分前にもやしと5cmに切ったニラを一緒に入れ火を通し、ザルにあげる。
2. 小鍋に鶏ささみ肉と、鶏ささみ肉がかぶるぐらいの水（分量外）、酒を入れて沸騰させる。沸騰したら火を止め、蓋をしてそのまま約20〜30分置く。鶏ささみ肉は手でさいて、スープは取っておく。
3. 干し海老は水大さじ2（分量外）と合わせて10分ほどおく。いったん干し海老を取り出してみじん切りにし、ピーナッツバターとⒶ、干し海老をひたした水、❷のスープ大さじ2を加え、すべてを和える。
4. 器に❶と鶏ささみ肉を盛り、❸をかけ、砕いたピーナッツとパクチーをのせ、レモンを添えてでき上がり。

**Point**

干し海老は水にひたしておくことで、柔らかくなり、うまみ成分が出てきます。ひたした水もタレに使う事でコクもアップします。

# 豆乳担々麺

**ゴマペーストの代わりにピーナッツバターを使う担々麺。**
**豆乳と合わせることでスープまで飲み干したくなるほど**
**コクがありながらもあっさりまろやかです**

## 材料｜2人分

- ピーナッツバター…大さじ1
- チンゲン菜…1束
- ニンニク…1かけ
- 生姜…1かけ
- 椎茸…2個
- ごま油…大さじ1
- 豚ひき肉…150g
- 中華麺…2玉
- ねぎ（みじん切り）…10cm分
- ザーサイ（みじん切り）…小さじ2杯分
- ラー油…適量

A
- 酒…大さじ1
- しょう油…大さじ2
- 甜麺醤…大さじ1
- 豆板醤…小さじ1/2

B
- 豆乳…400ml
- 鶏ガラスープ…200ml
- 酢…小さじ1

## 作り方

1. チンゲン菜は茹でる。ニンニク、生姜、椎茸はみじん切りにする。
2. 鍋にごま油をひき、ニンニク、生姜を入れて炒め、香りがでてきたら豚ひき肉と椎茸を加える。豚ひき肉に火が通ったら、ピーナッツバター、Aを加え炒め合わせる。
3. 2をいったん皿に取り出し、同じ鍋にBを入れ、沸騰直前まで温めスープを作る。同時に中華麺を別鍋で表示通りに茹でる。
4. 器に麺を入れ、スープを注ぎ、2とチンゲン菜、ねぎ、ザーサイをトッピングし、ラー油をたらしてでき上がり。

**Point**

豆乳を加えてからは、沸騰する手前で火を止めること。火にかけふつふつと泡が少し立ち、湯気が出始めたら火を止めるサイン。

# アボカドとカカオのプリン

**甘さ控えめの大人のプリンです。**
**ゼラチンは使用せず、アボカドを活かしたクリーミィな食感です**

**材料｜100ml入りの容器3個分**

- ピーナッツバター…大さじ3
- アボカド…1個
- バナナ…1本
- カカオパウダー…大さじ2
- アガベシロップ（またはメープルシロップ）…大さじ1
- レモン汁…大さじ1
- 牛乳…大さじ1
- 砕いたピーナッツ…適量

**作り方**

1. 砕いたピーナッツ以外のすべての材料をフードプロセッサーに入れ、なめらかになるまで撹拌する。
2. 容器に入れ、冷蔵庫で1時間以上冷やす。
3. 冷蔵庫から出し、砕いたピーナッツをトッピングする。

Point

アボカドとカカオパウダーがなじみ、ヨーグルトぐらいの質感になったら容器に入れて冷やしましょう。

# ベリーのフォカッチャ

**ピーナッツバターをサンドし、
甘酸っぱいベリーをトッピングしたフォカッチャ。
バルサミコソースをつけて食べると大人な味わいです**

## 材料｜約20cm×40cm1枚分

- ピーナッツバター…大さじ3
- 牛乳…大さじ2
- ラズベリー…20～25粒（冷凍の場合は解凍し、水気を切る）
- 砂糖…大さじ1
- オリーブオイル…適量
- バルサミコ酢…大さじ3
- ハチミツ…小さじ1

〈生地用〉
- 強力粉…250g
- ドライイースト…5g
- 砂糖…8g
- 塩…4g
- 水…60ml
- 白ワイン…60ml
- オリーブオイル…30ml

## 作り方

1 ボウルにフォカッチャの生地用の材料を全て入れ、ひとまとまりになるようにヘラで混ぜ合わせる。

2 生地を出し、手のひらでこねる。

3

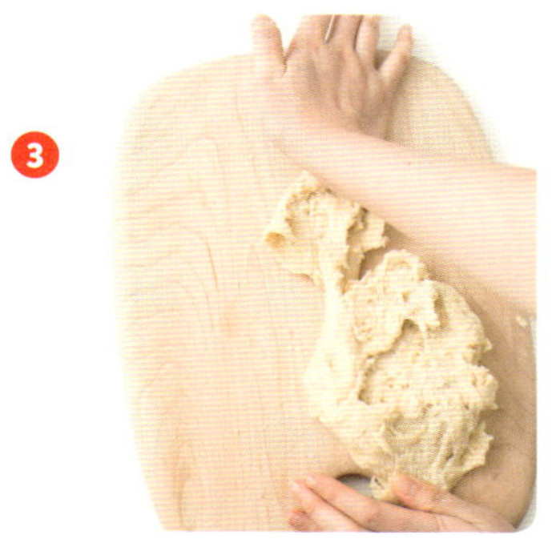

縦に生地を広げるようにしながら、約10分こねる。

4

生地をひとかたまりに丸め、とじ目を下にしてボウルに戻す。ラップをして1次発酵として約30分おく。この間にピーナッツバターと牛乳を合わせておく。

5

生地が1.5倍に膨らんだら、ガス抜きをする。グーで生地をつぶし、丸め直し濡れ布きんをして約10分生地を休ませる。

6

ボウルから取り出し、丸めたとじ目を上にして台に置く。

7

幅20cm×長さ40cmぐらいになるように生地を伸ばす。

8

伸ばした生地の外側を2cmほどあけて、全体の半分に4で牛乳と合わせておいたピーナッツバターを塗る。

生地を半分に折る。

全体のふちを指でつまむようにとじ、ラップをして2次発酵として約25分おく。この間にラズベリーに砂糖をまぶす。

生地に指で20～25箇所穴を開ける。

穴を開けた部分に⑩のラズベリーをのせる。

はけでオリーブオイルを塗り、200℃に予熱したオーブンで約10～14分焼く。

焼き上がって粗熱が取れたら、適当な大きさに切る。

小鍋にバルサミコ酢を入れ、煮立ってとろみがついたらハチミツを入れ全体になじませたらバルサミコソースのでき上がり。好みでつけて召し上がれ。

# レアチーズケーキ

**砂糖を控えめに使い、**
**ピーナッツバターの風味を活かしたレアチーズケーキ。**
**砕いたピーナッツがおいしいアクセントになります**

**材料｜直径18cmの丸型1個分**

- ピーナッツバター…大さじ2
- バター…50g
- グラハムクラッカー…100g
- クリームチーズ…200g
- 砂糖…60g
- 粉ゼラチン…5g
- 牛乳…60ml
- レモン汁…大さじ2
- 生クリーム…200ml
- 砕いたピーナッツ…適量

**作り方**

1. バターを電子レンジで30秒〜40秒加熱し、溶かす。グラハムクラッカーをビニール袋に入れ、砕く。
2. 砕いたグラハムクラッカーをボウルに入れ、バターと混ぜ合わせ、ラップを敷いた丸型に入れる。上からコップなどで押し付けながら均一に敷き詰め、冷蔵庫で1時間冷やす。
3. 常温にしたクリームチーズをツヤが出るまでよく練る。砂糖を2〜3回にわけて加えその都度混ぜる。ピーナッツバターを入れ、さらによく混ぜる。
4. 粉ゼラチンと牛乳を一緒の容器に入れ、電子レンジで30秒加熱し、ゼラチンを溶かす。粗熱が取れたら、3に入れて混ぜ、レモン汁を加え混ぜる。
5. 8分立てした生クリームを2〜3回に分けて4に加え、ふんわりと混ぜる。
6. 2に5を流し込み、表面をならして、冷蔵庫で3時間以上冷やし固め、砕いたピーナッツをトッピングする。

Point

レアチーズケーキの土台は手よりコップを使うと均一に平たくできて、仕上がりもキレイです。

# ビスコッティ

**サクサクと歯ごたえのいいピーナッツバター入りのビスコッティは
そのまま食べるのはもちろん、
ピーナッツバターを塗ってトースターで温めるとおいしさアップ**

**材料｜作りやすい分量・約35本分**

- ピーナッツバター…大さじ3
- 薄力粉…150g
- ベーキングパウダー…小さじ2
- 卵…2個
- 砂糖…70g
- レーズン…50g
- アーモンド…50g
- 粉砂糖…適量

**作り方**

1. 薄力粉とベーキングパウダーは合わせてふるっておく。
2. ボウルに粉砂糖以外のすべての材料を入れて、ゴムベラでベタっとするまでよく混ぜる。
3. クッキングシートを敷いた天板に生地を2列に流し、上から粉砂糖をふるう。170℃に予熱したオーブンで25分焼く。
4. 焼き上がった生地を1.5cm幅に切る。切り口が上になるように並べ、140℃に温度を下げたオーブンで再び35～40分焼く。
5. 焼き上がったら、オーブンの扉をあけてそのまま冷ます。冷めたら天板から取り出す。

ピーナッツバターの味を決める焙煎作業。秒単位で焙煎機から取り出し、目と舌で味と香りを確認するプロの技。

ピーナッツ豆知識

# 知られざるパワーフード!?

**栄養豊富なピーナッツは、タンパク質やミネラル、ビタミンを多く含み、体を元気にしてくれるエネルギーがたくさんつまっているのです。**

## Point1 ピーナッツの油はいい油

ピーナッツの半分は脂質。しかし、一般的な太るイメージの動物性脂肪とは全く別物。ピーナッツの脂肪のほとんどは太りにくい植物性脂肪です。それは、血中の中性脂肪や悪玉コレステロールを下げ、動脈硬化などの生活習慣病を予防する効果のあるオレイン酸・リノール酸（不飽和脂肪酸）です。「太る」とイメージされがちな、ピーナッツに含まれる油の正体は、実はオリーブやアボカドなどと同様、ダイエットの強い味方になる、良質な太りにくい油だったのです。

## Point2 記憶力アップ＆脳を活性

ピーナッツの脂質の中には、脳の神経細胞を活発化させるレシチンやコリンという成分が含まれています。神経伝達物質であるアセチルコリンの材料であるため、ピーナッツを食べることでアセチルコリンの生成が促進され、脳を活性化することで、記憶力や学習能力がアップしたり、脳の老化を防ぐといわれています。

## Point3 肌つやつや、若返り

ピーナッツに含まれるビタミンの中で、もっとも豊富なビタミンE。若返りのビタミンといわれているビタミンEやたんぱく質を構成しているアミノ酸には血流を促進するアルギニンが豊富に含まれているので、美肌効果や老化防止に役立ちます。

## 他にもこんな成分があります

**葉酸・亜鉛・ミネラル**
期待される作用：貧血や記憶力のアップ、冷え性の改善

**食物繊維**
期待される作用：便秘改善

**レシチン**
期待される作用：リラックス、ストレスやイライラの解消

# GI値が低く、太りにくい

**血糖値の上昇を示すGI値が低いことでも知られるピーナッツ。血糖値の上昇がゆるやかなため、太りにくいとされています。また、腹もちがよく、小腹がすいた時のおやつにも最適。**

| 食品名 | GI 値 |
|---|---|
| グラニュー糖・白砂糖 | 100 |
| ハチミツ・大福 | 88 |
| 白米 | 84 |
| クッキー | 77 |
| スパゲッティー | 65 |
| 栗・スイカ | 60 |
| 玄米・バナナ | 55 |
| 全粒粉パン | 50 |
| リンゴ | 39 |
| カシューナッツ | 34 |
| アーモンド・枝豆・大豆 | 30 |
| **ピーナッツ** | **28** |

**ピーナッツは
ダイエットと美容にいい
黄金フード**

GI値50以下の低GI食品の代表であるアーモンドや大豆のGI値は30、カシューナッツは34。ピーナッツは低く、28。美容やダイエットのために空腹時にフルーツやナッツを食べる人はいますが、それをピーナッツにすると、さらに腹もちがいい上、脂肪になりにくく、便秘対策にもなり、まさに一石三鳥!?

## Q, どのくらいが適量?

## A, ピーナッツそのままなら1日30粒以内

ピーナッツバターで食べるとしたら、1日大さじ1杯程度(約17g)が適量です。ピーナッツやアーモンドなどのナッツ類は栄養豊富なため、エネルギー量(カロリー)は高く、1日の適量をキープするのが、健康で美しくいられるポイントです。

# 実験！　ピーナッツバターに合うジャムを探せ

**ピーナッツバターを塗ったパンにジャムも加えると**
**もっとおいしくなる！　どんなジャムが合うか実験しました。**

＊実験はピーナッツバターとジャムを一緒にのせた食パンで試食。
苦みや酸味の強さなどパンチがある風味は大人におすすめ、
優しい味わいのものは子どもにおすすめと判定しました。

ジンジャー
キウイ
梅
生姜のピリッとした
刺激が絶妙。
焼かない食パンに
よく合う
意外と合う
すっぱい系ジャム
トマト
ハマる〜！
フレッシュでジューシー
なトマトと香ばしい
ピーナッツバターのコンビ
すっぱめ
ピーナッツの香ばしい
香りとラズベリーの
華やかな香りが
相乗効果でおいしくなる！
ラズベリー
イチゴ
裏ワザで
塩をパラリと加えると
おいしさUP
あんず
すっぱい系が苦手な人にも
おすすめ
あんず & ラズベリー

# Column 01

## 「世にも器用で
## 頼もしい
## ピーナッツバター君」

byマッキー牧元

昭和30年東京生まれ。株式会社味の手帖取締役編集顧問 タベアルキスト。立ち食い蕎麦から割烹、フレンチ、エスニックやスイーツ、居酒屋まで、日々のみ食べ歩き、雑誌寄稿、ラジオ、テレビ出演など行なう。著書に、「出世酒場 ビジネスの極意は酒場で盗め」（集英社）、「ポテサラ酒場」（辰巳出版）他多数。味の手帖ブログ「マッキー牧元の満腹報告」
>http://www.ajinotecho.co.jp/weblog/

ピーナッツバターは段取りが上手なハーフの男性である。パンに塗られるために生まれたのに、他の料理へ展開がしやすい。和食にも生かされる味わいながら、食べるとどこか洋を感じさせるあたりがそう思わせる。

まずパンに塗る場合は、無糖のピーナッツバターを用意し、好みの甘さまで蜂蜜と合わせる。さらにはピーナッツを買い、砕いて混ぜこみ、食感を楽しむ。パンは四角い食パンを薄切りにしたトーストが、最も合う。

料理として他に生かす最も簡単な方法は、しょう油味のカップ麺に入れて、ラー油を少し垂らす。混ぜて食べれば、おお、ちょっと粋な担々麺ではないか。さらに炒めた豚ひき肉や、茹でほうれん草を入れるなどすれば、完璧である。これはつけ麺や冷やし中華にも応用できるので、試してほしい。あるいは胡麻和えの衣として使うのはどうだろう。メープルシロップと少量のしょう油を入れ、水で少し緩くしてから、茹で青菜にかける。ピーナッツの香りが青菜の味を豊かにしてくれる。または味噌汁のコクづけとして、少量入れる。青カビ系チーズにハチミツとピーナッツバターをかける。ねぎと生姜、ニンニクのみじん切り、ラー油、しょう油、酢を混ぜ込み、茹で鶏や茹で豚バラ肉のソースとして。サテ風に、鶏に塗ってオーブンで焼く。八丁味噌と同量で合わせ、野菜のディップや生春巻きのタレとして活用する。

ほらどうです。使い勝手がよくて、そばに置きたくなる男ではありませんか。そして一切文句を言わない。オススメです。

# Column 02

# 「トーストはしません。わたしのとっておきピーナッツバターの愛で方」

by平野紗季子

厚めに塗ってしっかり冷やしたピーナッツバターはガナッシュのような食感でとてもおいしいのです。

私の冷蔵庫には、野菜がしなびていようが卵の賞味期限が切れていようがいつだってピカピカのピーナッツバターが眠っていて、絶望にも似た私の食欲をやすやすと引き受けてくれる。

私はピーナッツバターをパンに塗って食べる。ただそれだけ、それだけだけど守るべきことがいくつかある。まず、パンをトーストしない。バルミューダのトースターを買った私のトーストは無敵だけど、ガリっと焼けた香ばしいパンが食べどころではないからだ。必要なのは、スーパーでもあまり見かけなくなった（でもあるところにはある）お豆腐みたいな容器に入った耳がなくて薄いサンドイッチ用のパン。それからピーナッツバター。手順は簡単でサンドイッチ用のパンにたっぷりと分厚くピーナッツバターを塗る。そしてパンでサンドする。

それをラップにくるんで、すぐには食べない。冷蔵庫できっちり冷やす。少しだけ固まったピーナッツバター。ポクっとした食感と、それがなめらかに口の中で溶けていく感じがたまらなくおいしい。それが上質なピーナッツバターであれば尚のこと美味しい。きっちり冷たくすることが私の中でピーナッツバターを愛でるための大事な方法になっている。

**Profile**

小学生から食日記を付け続ける生粋のごはん狂。日常の食にまつわる発見と感動を綴る「.fatale」のブログが話題になり、現在は数々の雑誌・ウエブマガジン、テレビ出演などで幅広く活躍中。著書は「生まれた時からアルデンテ」（平凡社）。

## Part3 食べ方新発見!

# みんなのピーナッツバターライフ

ピーナッツバターを愛する食ツウたちによるとっておきの食べ方を紹介。朝・昼・夜からおやつまで、毎日の食レパートリーが広がる新鮮なアイデアがいっぱいです。

このま食堂
## 稲葉綾子さん

ピーナッツバター愛用歴｜2年

ピーナッツバター登場率｜週2〜3回

## ピーナッツバターにハマって お店のメニューを作りました

広島県・広島市にあるこのま食堂のオーナー稲葉さんの朝の楽しみは、広島の人気食パン・ユカパンにたっぷりと塗ったピーナッツバタートースト。「ピーナッツバターはふわふわの食パンに合わせるのが最高だと思っていましたが、アイスにも合うのを発見！　エスプレッソと合わせてアフォガード風にしたら、最高においしく、お店のメニューに採用しました。これからピーナッツバターを使ったメニューをもっと開発する予定です」

>Shop Information P120

PM3：00

### ほろ苦コーヒーのアフォガード

「甘くてやさしいバニラにビターなエスプレッソだけだとちょっと強いからピーナッツバターを加えました。お店の人気メニューのひとつです。甘みが強すぎずピーナッツの味をしっかりと感じられるピーナッツバターだから、バニラアイスとも、エスプレッソともしっかりと調和しています」

パン工房 森のぶどう

## 清水啓さん

ピーナッツバター愛用歴 | 20年

ピーナッツバター登場率 | 週3回

# パンに合うのはもちろん、いろいろおいしい活用ができます

福岡県・大野城市で天然酵母と国産小麦を使ったパン工房で働く清水さん。「ピーナッツバターは、良質な脂肪分やビタミンEなど女性にうれしい栄養素が豊富な上、パン以外にいろんな活用ができる点がお気に入り。最近よく作るのは、簡単ピーナッツソース。お湯、ピーナッツバター、スイートチリソースにしょう油と生姜を加えて混ぜるだけ。魚やチキンのグリルに添えて、ワインと共にがっつりと食べたい日のおうちディナーに最適です」 >Shop Information P120

AM7：30

## 焼き立てパン

「こんがりと焼いたパンにピーナッツバターを塗って、コーヒーと一緒に食べる朝食が定番です。時間がある時は、ピーナッツバター大さじ１と牛乳、フローズンベリーとバナナをブレンダーにかけて作るスムージーを朝食にする日もあります。ピーナッツバターのおかげでコクのあるスムージーに仕上がります」

PM0：30

## 生ハムとレタスのシンプルサンド

「ふわふわロールパンは、食パン生地に塩を加えて作った、テーブルパンです。切り込みを入れて、ピーナッツバターを薄く塗り、生ハムとレタスをサンドします。パンと生ハムの塩気とピーナッツバターのほのかな甘さがマッチ。時間がない時でもさっと作れて、ランチにおすすめです」

PM4：00

## レーズン＆クルミパン withピーナッツバター

「小腹がすいた時のおやつに食べるのがコレ。レーズンとクルミをたっぷり使った当店自慢のパンを厚さ1cmにスライスし、トースト。焼き立てのアツアツの状態でピーナッツバターを塗ります。ピーナッツバターが溶けて、パンにじんわりしみ込んだ状態で食べるのが至福のひととき」

ベイクルーズ

# 野田晋作さん

ピーナッツバター愛用歴｜10年

ピーナッツバター登場率｜週1〜2回

## ピーナッツバターのアレンジの幅は無限大です！

アパレルブランド・ベイクルーズの取締役として活躍する野田さんは、エルヴィスプレスリーがこよなく愛したと言われるエルヴィスサンドが大好物。「昔からピーナッツバターが大好きでいろんな料理に活用してきました。最近よく使うのが肉料理のソース。香ばしさとコクを簡単にプラスできます。洋食はもちろん和食にも合います。いつものレシピにワンスプーン加えたり、気軽に試してみて下さい」

>Shop Information P120（FARMSHOP）

AM9：00

### エルヴィスサンド

「薄切りのライ麦パンをトーストし、カリっと焼いた厚切りベーコン、スライスバナナ、ピーナッツバター、ストロベリージャムをたっぷりと挟みます。甘さとしょっぱさの加減が絶妙です。ピーナッツバターとジャムの量はお好みでどうぞ。バナナは縦にスライスすると食べる時にこぼれづらいのでおすすめです」

## PB&Jシェイク

「PB & J はピーナッツバターとジャムの略。大さじ 1.5 のストロベリージャムとピーナッツバターにバニラアイス 100g と牛乳 100cc、氷適量を一気にミキサーにかけるだけ。サーフィンなど体を動かした後や、仕事の合間のブレイクに飲んでいます。ジャムはラズベリーや、ブルーベリーなどのベリー系でもおいしいですよ」

## ピーナッツバターソースの生姜焼き

「生姜をすりおろし、ピーナッツバター大さじ 1.5、しょう油大さじ 3、日本酒・みりん・砂糖・ハチミツ各大さじ 1 を合わせてソースを作ります。豚薄切り肉 300g にしょう油・日本酒各小さじ 1 で下味をつけ、サラダ油を熱したフランパンで肉の色が変わるまで炒めます。ソースを加え、強火で水分を飛ばしながら、全体に絡ませるように炒めます。付け合わせは生野菜をたっぷりと。ソースに絡めて食べるとおいしいです」

THE ROASTERS
# 神谷健さん

ピーナッツバター愛用歴 | 1年

ピーナッツバター登場率 | 週2〜3回

## 一日のはじまりは、お気に入りの焙煎コーヒーとトースト

神谷さんは和歌山県・和歌山市の小さな集落にあるコーヒー焙煎所のオーナー。「朝のコーヒーと一緒に食べたいのは、ピーナッツバターを塗った食パン。定番の食べ方ですが、ピーナッツバターのおいしさを感じられる一番の方法だと思っています。毎日食べても全然飽きないのは、ピーナッツバターが甘さ控えめでシンプルな味だから。バナナやメープルシロップ、ジャムなど、いろんなパンのお供として組み合わせを考えるのも楽しいです」 >Shop Information P121

AM7：30

### メープルバナナのオープンサンド

「砂糖があまり使われていないプレーンな食パンをトーストして、ピーナッツバターを塗った上にスライスバナナをのせます。その上からメープルシロップをかけます。1枚でランチ代わりにもなるぐらいの満足感&ボリューム。僕の朝のパワーブレックファーストです。濃いめのコーヒーがよく合います」

BrooklynRibbonFries
りゅうさん

ピーナッツバター愛用歴 | 1年

ピーナッツバター登場率 | 週2〜3回

## バナナとベーグルに合わせると最強なおいしさを発揮

「お店の名物メニューにもなっているピーナッツバターとバナナのベーグルサンドが個人的にも大好きです」と、ブルックリンスタイルの人気ダイナーで働くりゅうさん。「一番のおすすめはバナナとの組み合わせですが、他にもベーコンやソーセージなど塩気のある素材ともピーナッツバターは合います。お店ではベーグルサンドで提供していますが、バケットやバターロールなど、いろんなパンと相性が良いのでぜひお試しください」

>Shop Information P121

PM1：30

### ローストバナナのベーグルサンドイッチ

「東京・代々木上原にあるテコナベーグルワークスのベーグルと HAPPY NUTS DAY のピーナッツバターをコラボさせたメニューです。キャラメリゼした甘いバナナを、ピーナッツバターを塗ったベーグルにたっぷりと挟みます。写真右奥にあるジンジャーミルクとの相性はバツグン。テイクアウトして近くの駒沢公園でピクニックランチもおすすめです」

good design market
KÖK(ショーク)
## 本田英宣さん

ピーナッツバター愛用歴｜3年

ピーナッツバター登場率｜週2〜3回

# ピーナッツバターひとすくいでたちまちおいしさ倍増！

神奈川県・藤沢市にあるKÖK（ショーク）は県外からもたくさんの人が訪れる、湘南を代表するセレクトショップ。そこで、オーナー兼仕入れを担当するのが本田さん。「ピーナッツバターを初めて食べた時、瓶を開けた瞬間に感じる香りの高さに驚かされました。この香りはいろんな食べ物にも合うと思って試したら、思ったとおり！　一番好きな食べ方は、ピーナッツバターに粗めの海塩をパラパラとふった、塩ピーナッツバター。お餅や茹で野菜など、いろいろ試してみたくなります」 >Shop Information P121

AM10：30

## アツアツ玄米餅のピーナッツバターがけ

「玄米餅をオーブンまたはトースターでしっかり膨らむまで焼いて、アツアツのうちにピーナッツバターを塗ります。玄米とピーナッツバターのダブルの香ばしさがたまりません。さらに、海塩をぱらりとかけるとより甘みが引き立ちます。石川県の有機もち米を使った玄米餅を我が家では常備しています」

PM3：30

## 塩ビスケットサンド

「ビスケットそのままでもおいしいのですが、ピーナッツバターを塗ってサンドすることで、お客さんが来たときのもてなしにもなります。ビスケットは、国産小麦を使い、さっと米油で揚げている "大地のおやつ" というブランドがおすすめです。ほんのり感じる塩気とピーナッツのコクがたまりません！」

PM7：30

## 山菜の ピーナッツバター 和え

「独特の苦みのあるタラの芽は、茹でてからシンプルにピーナッツバターで和えるだけ。苦みを引き立てながらも、ちょっとのコクが加わり、いい晩酌のつまみになります。普通の野菜を和えるなら、海塩やハーブソルトをちょっと加えてもおいしいです。いろんな野菜の和え物に重宝します」

DEAN & DELUCA

## 田崎丈博さん

ピーナッツバター愛用歴｜3年

ピーナッツバター登場率｜週1〜2回

# ディップに使うとコクが出て プロ顔負けの味に

食のセレクトショップDEAN & DELUCAで、イタリアの食材やジャム、ハチミツなどのセレクトを行う田崎さん。「数々の食材を試してきましたが、ピーナッツバターは、そのままパンと合わせておいしいだけでなく、料理の味の決め手や隠し味としても活躍してくれる所が素晴らしいですね」。今回の食べ方以外にも、休日のブランチとして、パンケーキと焼いたベーコンの付け合わせとしてピーナッツバターを添えて一緒に食べるのもお気に入りだそう。 >Shop Information P122

PM8：30

## ロースト肉+グリーンピースのディップ

「ディップソースやフムスを作るときにピーナッツバターを活用します。茹でたグリーンピース100gにニンニク、塩、スパイス（クミンやコリアンダー）を各適量とピーナッツバター大さじ1/2、オリーブオイル大さじ2をフードプロセッサーでなめらかになるまで撹拌して作りました。ローストしたどんなお肉にも合うディップです」

料理家

## 真藤舞衣子さん

| ピーナッツバター愛用歴 | 4年 |
| --- | --- |
| ピーナッツバター登場率 | 週2回 |

# ピーナッツバターと
# ナンプラーは最強の組み合わせ

東京と山梨で料理教室や店舗プロデュース、レシピ開発などで活躍する真藤さん。「サラダはもちろん、生春巻きのタレとしても抜群においしいのがピーナッツバターとナンプラーのコンビ。ナンプラーだけでは味が強いので、ピーナッツバターを加えることでまろやかさとコクが加わり、それだけで他の味付けは必要ないぐらいしっかりと味が決まります。あとは、レモンなどの柑橘系のすっぱさを加えると、疲れて食欲がない時もさっぱりと食べられておすすめです」 >HP http://www.my-an.com/

**PM8：00**

## 柑橘とシーフードのエスニックサラダ

「海老やイカなど茹でたシーフードにオレンジやグレープフルーツ、パクチー、セロリを使ったさっぱりサラダです。味の決め手は、ピーナッツバター大さじ1とナンプラー小さじ1で作ったドレッシング。野菜類をドレッシングで和えて器に盛り、食べる直前にレモンをぎゅーっと絞っていただきます」

FOOD&COMPANY

## 谷田部摩耶さん

ピーナッツバター愛用歴 | 3年

ピーナッツバター登場率 | 週2～3回

# 大好きなエスニック料理に欠かせないピーナッツバター

東京都・目黒区にある、オーガニック野菜や国内外の厳選した食材を扱うグローサリーストアFOOD&COMPANYのオーナー谷田部さん。「よく作るエスニック料理の味付けとも相性が良く、味に奥行きを出してくれるので、隠し調味料としていろんな料理に頻繁に使っています。甘味だけでなく、食事メニューにもいろいろと使えるのが大きな魅力。ショップ内のサイトでも活用アイデアを紹介しています」 >Shop Information P122

PM7：00

## ピーナッツバターのエスニック和え麺

「ベースになる汁は、ライスミルク、ゴマペーストにピーナッツバターとナンプラーを使って作ります。そぼろにもピーナッツバターを使い、ナンプラーと豆板醤で味付けしました。麺が見えなくなる程パクチーをたっぷりとのせて、仕上げにごま油をたらしてレモンを絞り、よく混ぜ合わせていただきます」

FOOD&COMPANY

## 高木裕美さん

ピーナッツバター愛用歴｜1年

ピーナッツバター登場率｜週1回

# ワインのお供もスイーツも ピーナッツバターがあれば簡単

モデルとして活動しながら、左のページで紹介した谷田部さんのショップでスタッフとして働く高木さん。「ピーナッツバターアイスをよく作ります。ポイントは、バニラアイスにピーナッツバターを混ぜた後、いったんカップに戻して冷凍庫で冷やし固めます。100円のアイスが驚くほどリッチな味わいに変化します。もうひとつのおすすめはキャロットラペ。火を使わないで簡単にできるので、たくさん作って常備菜にしています」

>Shop Information P122

PM3：30

### アイスクリームのワッフルサンド

「常温で少しやわらかくしたアイスにピーナッツバターを混ぜて、ワッフルやビスケットで挟むだけ。何度でも食べたくなる味です!」

PM8：30

### ピーナッツバターのキャロットラペ

「軽く塩もみして水気を切った人参1本に対し、白ワインビネガーとオリーブオイルを各大さじ1、ピーナッツバター小さじ1、マスタード小さじ1/2でドレッシングを作って和えるだけ。クミンや塩で味を調節します」

Ustyle（ユースタイル）

# 中田聖加瑠さん

ピーナッツバター愛用歴 | 1年

ピーナッツバター登場率 | 週1〜2回

## 素材のおいしさを引き出す ピーナッツバター

セレクトショップUstyleは、上質だけど華美ではない、シンプルな贅沢さをコンセプトにセレクトしたアイテムが並ぶ。「モノもそうですが、食事でも、素材のいいものを取り入れて食べることに幸せを感じます。例えば、地元青森県のリンゴ。素材そのものがおいしいから、焼くだけで十分。ピーナッツバターもそうです。ひと塗りするだけで、普通のパンがぐんとおいしくなりますからね」 >Shop Information P122

PM3：40

### 焼きリンゴ、ピーナッツバターのせ

「オーブンで焼いたリンゴにピーナッツバターを芯が埋まるくらいたっぷりとのせます。さらにバターをのせてもおいしいです」

### 新感覚！なめろうブルスケッタ

「鯵でなめろうを作る時は、味噌にピーナッツバターを少量混ぜると絶妙です。トーストしたバケットにオリーブと一緒にのせると、白ワインに合うおつまみになります」

ブランディングディレクター

# 福田春美さん

ピーナッツバター愛用歴｜3年

ピーナッツバター登場率｜週2回

## ピーナッツバターがあると和え物が抜群においしくなる！

アパレルやギャラリーなど様々なブランドのディレクターとして活躍する傍ら、プロ顔負けの料理の腕前を持つ福田さん。「ピーナッツバターと同割りという自家製調味料を使って、小松菜やほうれん草などの和え物をよく作ります」。同割りは、同量のお酒とみりんを火にかけてアルコールを飛ばしてから同量のしょう油を入れてひと煮立ちさせた調味料。「同割りに出汁を入れれば、めんつゆになったりと、和食のベースになるのでとても便利です」 >HP http://editlife.jp/

PM8：30

### シンプル菜の花和え

「軽く茹でた菜の花は冷水にさらしてからしっかり水を切ります。ピーナッツバター大さじ1と同割り大さじ1/2を合わせて、菜の花を和えるだけででき上がりです。さらに、好みでお酢やごま油を足してもおいしいです。砕いたピーナッツを散らすと、食感もいいアクセントになります」

シェルシュ

# 丸山智博さん

| ピーナッツバター愛用歴 | 20年 |
| --- | --- |
| ピーナッツバター登場率 | 週1回 |

## リキュールやきな粉など、いろいろな合わせ方が楽しい

東京・代々木上原にある人気フレンチビストロ「MAISON CINQUANTE CINQ」をはじめ、数々の飲食店の開発やコンサルティングをする丸山さん。「ピーナッツバターは甘いものはもちろん肉料理、フレンチなどにもアレンジできる食材で、昔からよく使っています。意外と知らない人も多いですが、ナッツの栄養分は腹持ちがよく、スムージーに加えると栄養も取れて、スタミナもチャージできるため、忙しいビジネスマンにおすすめです」 >HP http://maisoncinquantecinqyoyogiuehara.tumblr.com/

AM8：40

### きな粉とバナナのパワースムージー

「ピーナッツバターとヨーグルトはそれぞれ大さじ2、きな粉大さじ1、バナナ1本、牛乳150ccをブレンダーにかけます。香ばしくてコクのあるピーナッツバターがリッチな味わいで、これ1杯で朝は十分！」

PM10：00

### バニラアイスとアマレット

「バニラアイスにアメリカンチェリーとピーナッツバターをのせて、アマレットをふりかけます。仕上げはアマレッティー（イタリアのクッキー）を砕いて食感のアクセントにします」

Nick

## 八重樫元基さん

ピーナッツバター愛用歴｜**4年**

ピーナッツバター登場率｜**週2回**

# 豪快な肉料理の優しい脇役がピーナッツバター

ショーケースに並ぶ精肉をお店でグリルし、イートインできるユニークな精肉店のシェフを務める八重樫さん。「お肉そのものの味わいを楽しんでいただきたいので、店内でお出しするときはディップやトッピングなどにこだわります。今、人気なのは、ピーナッツバターパン粉のトッピングです。ジューシーなお肉にサクサクの食感が加わり、ほのかに感じるナッツの香ばしさもお肉とよく合います。ご自宅でもぜひお試しください！」

>Shop Information P123

**PM9：00**

## ジューシースペアリブ

「まず、スペアリブは酒、ピーナッツバター、マスタードで下味を付けます。パン粉とピーナツバターを混ぜて、クッキングシートにしき、トースターでカリカリに焼き上げたら、フライパンでスペアリブを焼き、器に盛るときにパン粉をトッピングしていただきます」

84（はちよん）

# 大田浩史さん

ピーナッツバター愛用歴｜2年

ピーナッツバター登場率｜週3〜4回

## 手間いらずで即おいしい
## 働く大人の心強い味方！

84（はちよん）は、食器やキッチンツール、雑貨など、日々の暮らしを彩るセレクトショップ。オーナーの大田さんはどんなに忙しくても朝ごはんはしっかり食べる派。「朝、焼きたてのトーストにピーナッツバターがあればそれだけで十分です。シンプルなおいしさは、飽きずにずっと定番になります。さらに、広島の宮島にある自家焙煎・伊都岐珈琲の豆を挽いて、丁寧にハンドドリップして飲める時間もあったら、最高です」

>Shop Information P123

AM7：00

### 焼き網トーストとジャム

「焼き網でカリっと焼いたトーストに、まずピーナッツバターをたっぷりのせて、その上にさらにジャムをのせます。ジューン・テイラーのジャムがあればベストです。副菜としてキュウリのピクルスがあれば、甘さの口休めになるので、さらによし！」

## PM3：30

### ふかふか<br>レーズンパンと<br>ピーナッツバター

「仕事でお昼ごはんが食べられそうもない時のクイックランチです。近所にある河内ベーカリーの人気のレーズンパンにピーナッツバターをたっぷり挟むだけ。飲み物は冷たい牛乳か豆乳を一緒に。パクパク食べてゴクゴク飲んで、午後の仕事のパワーチャージをします」

## PM9：00

### ジューシーな<br>チキングリル

「遅く帰った日でもちゃんと食べたい時にピーナッツバターが活躍してくれます。鶏肉を焼いている間に、しょう油とピーナッツバター各大さじ1とバルサミコ酢小さじ1を混ぜてソースを作って、ネギを刻むだけ。たったの10分で、ほっとひと息つける夜ごはんが作れます」

白楽ベーグル

# 川崎太一さん

ピーナッツバター愛用歴 | 2年

ピーナッツバター登場率 | 週2〜3回

## アレンジを楽しめる
## シンプルなレシピのピーナッツバター

神奈川県・横浜市にある白楽ベーグルのオーナー川崎さん。「お店ではベーグルのディップになるアイテムを提案しています。ピーナッツバターは甘い系・しょっぱい系のどちらにも合うのでお客様におすすめしています。普段からいろんな食べ方を試して、お客様と情報交換するのも楽しみのひとつ。最近は、お客様からビターなチョコレートや酸味の強いジャムなど、意外な食材との組み合わせを教えてもらいました。そういう発見が楽しいです」 >Shop Information P123

AM8：30

### 厚切りバナナのホットサンド

「子どもも大好きなホットサンドです。8枚切りの食パンに大さじ1のピーナッツバターを塗って、1/2本分のバナナをのせてホットサンドメーカーでプレスします。いろいろ試しましたが、バナナは厚切りでのせると断然おいしくなります！　腹もちもよく、忙しい朝を元気に乗り切れるパワーブレックファーストです」

## PM1：00

### ビターチョコのオープンサンド

「食後にもうちょっと何か食べたい気分の時のデザートです。半分にスライスしたバケットに、ピーナッツバターを塗ってからトーストします。パンが熱いうちに、削ったビターチョコレートをトッピングします。甘すぎないので、大人のおやつにぴったり。映画やテレビを見ながらコーヒーと共にいただきます」

## PM9：00

### ジャム＆ピーナッツバターのベーグルサンド

「プレーンのベーグルを横半分にスライスして、ピーナッツバターとブルーベリージャムを1：1の割合で塗ります。ベーグルは少し温めておくと、ピーナッツバターがほどよく溶け、パンにじゅわっとしみ込んでおいしい！　飲み物は甘さを加えないシンプルなホットミルクが定番です」

NEIGHBORS BRUNCH
with パンとエスプレッソと

# 皆川香絵さん

ピーナッツバター愛用歴 | 30年以上

ピーナッツバター登場率 | 週の半分

## 大好きなレシピに加える だけで新しい味わいに

パンをベースにしたカフェのプレスとして働く皆川さんが、ピーナッツバターのおいしさに感動したのは高校生の頃。「アメリカのホームステイ先がヴィーガンファミリーで、毎日の食卓に手作りのオーガニックピーナッツバターがありました。朝だけではなくいつも食べていました。そのままはもちろん、ジャムやフルーツと合わせたり、ソースに使っているのを見てきました。それが今の私のピーナッツバター好きの原点です。今ではいろんな料理に活用しています」 >Shop Information P124

AM11：00

### バケットで作るフレンチトースト

「卵と牛乳を混ぜた液にピーナッツバターを溶かして、バケットにしみ込ませます。それからオーブンで表面がカリカリになるまで焼き上げます。フライパンで焼くフレンチトーストが一般的ですが、オーブンで焼くと、表面はカリッとしていて中はふわっとやわらかにできます」

PM3：00

## ホイップクリームのようなフロスティング

「ピーナッツバターとクリームチーズで作るフロスティングです。トーストにバター感覚で使ったり、パンケーキやワッフル、軽くソテーしたリンゴなどに合います。常温で柔らかくしたクリームチーズとピーナッツバターをよく混ぜてから、粉糖を少しずつ加え混ぜて、好みの甘さに仕上げます」

PM9：00

## ピーナッツバターと青ねぎのカリカリお揚げ

「油揚げを好みの大きさにカットして、ピーナッツバターを塗ってトースターでカリっとするまで焼きます。しょう油とナンプラー、青ねぎなどを一緒に添えて食べると、お酒のおつまみにぴったり。魚焼きグリルやフライパンなどでも作れます」

CORNER STORE

## 大賀良平さん

ピーナッツバター愛用歴｜2年

ピーナッツバター登場率｜週2〜3回

# お客様に教えてもらった食べ方を実践しています

徳島のおしゃれセレクトショップとして名高いCORNER STOREのディレクター大賀さんは、お店を訪れるお客さんを通じてピーナッツバターのファンに。「元々好きではありましたが、お客さんにおすすめの食べ方を教えてもらってから、より食べる頻度が増えました。程よい甘さと濃厚な味わいがたまらないですね！　子どもたちはピーナッツバターとバナナのオープンサンドが大好物です。朝に子どもたちと一緒に食べる時間が1日の活力になっています」 >Shop Information P124

AM7：00

### ハーフ塗りジャム＆ピーナッツバタートースト

「フルーツのジャムとピーナッツバターを縦に半分ずつ塗ります。それぞれを味わいながら最後に真ん中のピーナッツバターとジャムの部分を食べるのが楽しみ！」

PM11：30

### 寝る前のホットミルク

「温めた牛乳にスプーン1杯のピーナッツバターを溶かします。ほんのりピーナッツの優しい甘さが広がる快眠ドリンクです」

料理家

# 山田英季さん

ピーナッツバター愛用歴｜14年

ピーナッツバター登場率｜月1回

## いつものレシピに加えると味の幅がぐんと広がります

レシピ開発やケータリング、飲食店経営などを行っている料理家山田さん。「ピーナッツバターのおいしさを知ったのは10年以上前。ずっと継続して、月1回ぐらいのペースで料理に登場します。さっと手軽に食べたい時はピーナッツバタートースト。気分を変えたい時は、ポン酢と混ぜてしゃぶしゃぶのタレにしたり、ナンプラーと混ぜて生春巻きのタレにしたりしています。ピーナッツバターは何を食べようかな……と思った時、家でもオフィスでも相棒のような存在です」 >HP http://andrecipe.tokyo/

AM10：00

### アメリカンソーセージサンド

「バタートーストにピーナッツバターを塗り、ソーセージとレタスをサンド。ケチャップとマスタードを加えます。ジャンクフードですが、やみつきになる味です」

PM3：00

### ピーナッツバターのリッツサンド

「塩味の効いたリッツのクラッカーにピーナッツバターを塗ってサンドするだけ。コーヒーと一緒に午後のおやつにおすすめです」

宮崎 上水園

## 本田文子さん

ピーナッツバター愛用歴｜2年

ピーナッツバター登場率｜週3回

# 緑茶とピーナッツのおいしさと栄養をまるごと楽しんでいます

自然の力を活かし、無農薬で栽培したお茶作りをしている本田さん。「料理にもお茶をよく使っていますが、ピーナッツバターを使うようになってから、格段に料理の幅が広がりました。お茶はミネラルやアミノ酸、ピーナッツバターはビタミンが豊富で、一緒に食べることで栄養素満点です。我が家の定番、お茶しゃぶしゃぶとピーナッツバターダレは家族みんなの健康メニューです」 >Shop Information P124

**PM7：00**

### お茶のさっぱり豚しゃぶ

「しゃぶしゃぶには微粉末茶を使い、タレはピーナッツバターとポン酢を合わせます。お茶でしゃぶしゃぶをすると、お肉のしつこさや臭みが抜けてスッキリとした味わいです」

**PM9：30**

### 玄米あられとピーナッツバターアイス

「アイスクリームに微粉末茶と玄米あられ、ピーナッツバターをトッピング。ピーナッツの香ばしさとお茶のほろ苦さで市販のアイスがぐんとおいしくなります」

エスケールカフェ

## 北垣勝彦さん

ピーナッツバター愛用歴｜3年

ピーナッツバター登場率｜週2〜3回

# ジャムと一緒に ハンバーガーのソースにしました

兵庫県・西宮市にあるハンバーガー店エスケールでハンバーガーマイスターを務める北垣さん。「アメリカではピーナッツバター＆ジャムのサンドが定番ですが、日本では食べられる場所がないと思い、作ってみました！　ピーナッツバターのコクと香ばしさにマッチするように、シナモンやクローブを使ったチェリージャムを作ってみたら大成功。この2つだけでもおいしいし、ハンバーガーに合わせるとチーズなどの塩気とも相性バツグン。ピーナッツバターの威力を改めて感じました！」 >Shop Information P125

PM1：30

## ピーナッツバター＆ チェリージャム ハンバーガー

「サクッと焼いたパンにピーナッツバターを塗り、ハンバーグにベーコン、トマト、自家製ダークチェリージャム、クリームチーズなどをのせてハンバーガーを作ります。自宅では、食パン2枚をトーストして、片面にジャム、片面にピーナッツバターを塗って、厚切りベーコンやトマトでBLTサンドにするのもおすすめです」

graf

## 川西万里さん

ピーナッツバター愛用歴 | 2年

ピーナッツバター登場率 | 週1～2回

# ピーナッツバターと紅茶で
# 癒しのティータイム

大阪府・大阪市のクリエイティブ集団grafにてお茶や食を扱うマルシェ担当の川西さん。「お茶とピーナッツバターを合わせてみたいと思って、チャイを作ってみました。ピーナッツバターとチャイはとても相性が良いことを発見しました。チャイに入れたスパイスの甘みが引き立ち、ピーナッツの香ばしさも感じられます。甘さは控えめなので、甘いスイーツと一緒に午後のブレイクにぴったりです。紅茶は、コクのあるアッサムで作るのがおすすめです」 >Shop Information P125

**PM3：00**

## ピーナッツバターとシナモンのチャイ

「沸騰したお湯に紅茶の茶葉とシナモンをいれて、2分程じっくりと紅茶とスパイスの香りを出してから、牛乳を加えます。最後にピーナッツバターを1杯につき大さじ1ほど入れてコトコト煮出しながら全体になじんだらでき上がり。茶こしで漉しながらカップに注ぎます」

graf Shop&Kitchen

## 中野隼さん

ピーナッツバター愛用歴 | 3年

ピーナッツバター登場率 | 週1〜2回

# 野菜をおいしく食べる
# 万能ソースが手軽に

左ページで紹介した川西さんと同じくgrafのShop&Kitchenにてシェフを務める中野さん。「ピーナッツバターを普通にパンに塗るのはもちろんおいしいですが、それだけだと使い切れないという人もいると聞きます。その場合は、ソースとして使うと、あっという間です。あっさりとした豆腐にはもちろん、サラダや茹でた豚肉など何にでも合うので、たっぷり作り置きしておけば、忙しい日の夜ごはんにも重宝します。チリソースとピーナッツバターを同分量でソースを作るのがおすすめです」 >Shop Information P125

PM8：30

## 水切り豆腐と生ハムのチリソースピーナッツがけ

「ピーナッツバター、チリソース、お酒はすべて大さじ1、お酢小さじ1と塩ひとつまみを混ぜてソースを作ります。しっかり水気を切って薄くスライスした豆腐と生ハムを器に並べてソースをかけるだけ。お好みの野菜も添えれば立派なメインディッシュになります。白ワインとの相性も抜群です」

BAR INC

# 藤田祐介さん

ピーナッツバター愛用歴｜2年

ピーナッツバター登場率｜週1〜2回

## ピーナッツバターを
## カクテルにアレンジしました

大阪と神戸で2軒のバーをプロデュースする藤田さん。「音楽を心地よく表現できるバーにはおいしいカクテルはマスト。いろんな素材でカクテルの開発をしている中でピーナッツバターのおいしさを知りました！　冷たいリキュールとピーナッツバターでカクテルを作るのは、ピーナッツバターが溶けにくく大変ですが、おいしさは格別です！　ミルク系やベリー系のリキュールに合わせると、食後の1杯にぴったりな濃厚カクテルが出来ます。たくさんの人にこのおいしさを知ってほしいです」 >Shop Information P125

PM10：00

### ベリーと
### ピーナッツバター
### の濃厚カクテル

「ブラックベリーとラズベリーにハーブとスパイスを加えたリキュール（シャンボール・リキュール）にピーナッツバターとミルクを加えて、長めにシェイク。グラスに注いで、シナモンをミル挽きで加えて、ちょっとスパイシーなカクテルに仕上げました。甘さの加減が絶妙です」

みんなで歌おう！

# ピーナッツバターの歌

作詞・作曲　福田哲丸

新しい
食べ方
発見!

# 中国料理とピーナッツバターの仲良しな関係

落花生の生産国No.1の中国。
中国料理にもピーナッツバターのおいしい使い方がたくさんあるに違いない！
そこで、中国料理の達人・金萬福氏にHAPPY NUTS DAY代表・中野氏がインタビュー。

＼ピーナッツバターは中国料理に欠かせない調味料／

## 金萬福（きんまんぷく）

1954年香港生まれ。14歳で中国料理の世界に入る。香港の有名レストラン「鳳凰酒楼」に23歳の若さで料理長に抜擢。その後、1988年に来日し、数々のレストランで料理長を務め、2007年より宇都宮東武ホテルグランデ内の中国料理「竹園」の総料理長となる。
>http://www.tobuhotel.co.jp/utsunomiya/

## 下味、ソース、スイーツ系…
## ピーナッツバターの活用は
## 無限大にあります

（HAPPY NUTS DAY 代表・中野、以下中）
はじめまして。今日はよろしくお願いします！ いきなりですが、ピーナッツバターを使う中国料理のメニューは結構あるのですか？

（金萬福さん、以下金）
たくさんあります。例えば、鶏肉一匹丸ごと全体にピーナッツバターを塗ってオーブンで焼くものや、ピーナッツバターとわさびで作ったソースを揚げた鶏肉にかけたり、数えきれないほどのレシピが中国料理にはあります。

ピーナッツは中国料理にとって基本の調味料の素であり食材なのです。ピーナッツそのものを使うのは、海老マヨ。仕上げに砕いたピーナッツを散らします。麺類にトッピングしたり、炒め物に一緒に加えて炒めるなどですね。

中　料理に使うピーナッツバターは、調味料として市販されているんですか？

金　豆板醤などの調味料と同じように売ってはいますが、私は手づくりして料理に使いますよ。レストランではたくさん使うので、たくさん作ってストックしておきます。お肉の下味に使ったり、鉄板で焼いたお肉にお客様の目の前でピーナッツソースをかけてサーブしたり、使用頻度はとても高いです。

中　そうなんですね！　では、甘いスイーツ系にも使いますか？

金　甘いものだと、中国でよく食べるのが温かいデザートスープです。ピーナッツバターを入れて、とろみをつけたスープの中に白玉を入れて食べます。日本でいうとお汁粉のような感じです。でも、冷やして食べてもおいしいですよ。それから、杏仁豆腐も作れますよ。

中　たくさんのバリエーションがあるんですね。おいしく作れるコツみたいなものはありますか？

金　中華料理は炒めることが基本で、炒める順番が大事です。ピーナッツバターを使う時は、そのまま加えるのではなく、先に炒めて香りと香ばしさを出すことがポイントです。後から加えるよりグンと香りが引き立ち、ピーナッツバターの良さが存分に出てきます。

ピーナッツバターだけではなく、食材の順番はとても大事です。例えば、チャーハンの場合は、長ねぎを最初に炒めてよく香りを出してから、卵やごはんを加えて炒めます。そして、最後にもう一度長ねぎを入れます。それは食感として引き立たせるためです。香りと食感、それぞれ、使い分けることがおいしく作れるコツです。

今から、ピーナッツバターを使った料理を作ってみます。ぜひ味わってください。

中　嬉しいです！　ぜひよろしくお願いします。

金萬福さん直伝

# 牛肉とピーマンのピーナッツバター炒め

２種類のピーマンと牛肉を炒めた中国の定番家庭料理。ポイントは、生姜やニンニクと一緒にピーナッツバターを炒めて香り出しをすること

**材料｜2人分**

- 牛薄切り肉…約300g
- 赤ピーマン…大1個
- 緑ピーマン…小2個
- 玉ねぎ…1/4個
- ねぎ…5cm分
- 生姜薄切り…２かけ分
- ニンニクみじん切り…２かけ分
- ピーナッツバター…小さじ1
- 豆板醤…小さじ1/2
- 鶏ガラスープ…50ml
- 砂糖・しょう油…各大さじ1/2
- オイスターソース…小さじ1/2
- ケチャップ…小さじ1/2
- 水溶き片栗粉…適量

**作り方**

1 牛薄切り肉はしょう油・片栗粉各大さじ1、溶き卵1個分（分量外）に漬けておく。赤・緑ピーマン、玉ねぎは一口大に切り、ねぎは輪切りにする。

2 生姜、ニンニク、ねぎ、豆板醤をフライパンまたは中華鍋に入れて中火で炒める。

3 ニンニクの香りが出てきたら、ピーナッツバターを加え、さらに香りが出るまで炒めて、牛薄切り肉を加え炒める。

4 肉の色が変わったら、赤・緑ピーマンと玉ねぎを加えてよく炒める。

5 鶏ガラスープを加えさらに炒め、全体になじんだら、砂糖、しょう油、オイスターソース、ケチャップの順に加えて炒める。

6 全体になじんだら、水溶き片栗粉を加え、とろみがついたら、ごま油（分量外）を風味づけに少量たらし、火を止め器に盛る。

中国料理とピーナッツバターの仲良しな関係

金萬福さん直伝

# ピーナッツバターと白玉のホットスープ

**中国料理では「花生湯園」と呼ばれる、ピーナッツバターをベースにしたお汁粉。中国ではレストランや家庭でも食べられるポピュラーな味**

**材料｜4人分**

- お湯…900ml
- 砂糖…大さじ5
- ピーナッツバター …大さじ2〜3
- 水溶き片栗粉…大さじ4
- 生クリーム…大さじ2
- 白玉だんご…適量

**作り方**

1 中華鍋または鍋にお湯を入れぐつぐつと沸騰したら砂糖、ピーナッツバターを加える。

2 沸騰したままの状態で水溶き片栗粉を加える。

3 とろみがついたら、生クリームを加えて、手早く全体になじむように混ぜる。

4 器に盛る。

5 茹でた白玉だんごを入れて、でき上がり。

食卓をハッピーに塗り替えよう

＼15の食材とピーナッツバターを合わせてみました／

# 「ピーナッツバター」×「〇〇」の おいしい出会い

＼「ほぼ日刊イトイ新聞」の食いしん坊トリオ “カロリーメイツ”がお試し！／

全国各地のおいしいものを食べ歩く、ほぼ日刊イトイ新聞のスタッフ・カロリーメイツ。左からジャンボ（J）、スガノ（S）、シブヤ（B）の3人が、ピーナッツバターとのベストな相性を探る！

| ほぼ日刊イトイ新聞　http://www.1101.com/ |
|---|

ピーナッツバターと組み合わせる15種類の食材はHAPPY NUTS DAYが事前にたくさんの食材を食べてみた結果、厳選。さて、カロリーメイツの反応は？

J　どれを合わせてもおいしそう！

S　わたしはリンゴが好きだから、フルーツから試してみようっと。

B　じゃあ、わたしはイチゴから！

＼一同試食！／

J　ピーナッツバターがフルーツの甘さを消しちゃうと思っていたんだけど、ピーナッツバターが甘さ控えめだから、お互いの味が思ったより感じられる。

S　ほんとだ～！　イチゴはコクが加わるから大人の味。ワインやシャンパンと一緒に食べたりしてもよさそう。

B　おもちやアイスは間違いない気がする。

J　よ～し、他にもいろいろ食べ比べてみましょう！

## ピーナッツバター × 朝のお供系

J　あんことの相性は衝撃的！　このまま一緒にトーストに塗って食べたい！

S＆B　同感！　ほんとうによく合うね。

S　グラノーラは牛乳にピーナッツバターをよく溶かしてからかけたらいいかも。ピーナッツバターと牛乳、それだけで飲みたい感じ。

B　ヨーグルトは無糖タイプに入れると丁度いいね。

J　ピーナッツ on ピーナッツはう～ん、まあまあかな（笑）。おもちは文句なしにいい！しょう油もたらすとさらに良さそう。

**「ほぼ日刊イトイ新聞」のオフィスに**
**HAPPY NUTS DAYがピーナッツバターを持って、お邪魔してきました。**
**ピーナッツバターを足したら、いつもの食材がよりおいしくなる**
**組み合わせとは？　15種類の食材で実験スタート！**

## ピーナッツバター ✕ フルーツ

S　リンゴは薄切りにしてピーナッツバターをつけると食感が楽しいね。
J　イチゴはディップ風にたっぷりつけるとグー。
B　レーズンは、おいしいけどわざわざつけなくてもいいかも（笑）。

## ピーナッツバター ✕ おやつ

J　ポッキーはおいしいけど、つけて食べるのがもったいない気がする～。プレッツェルのしょっぱさとピーナッツバターの甘さがあと引く感じ！
S　コーヒーゼリーは普通に食べるよりコクが出るね。一番びっくりしたのは杏仁豆腐！
B　わたしも。プルンとした食感とクリーミーなピーナッツバターがすごくいい。新しいデザートを食べているみたい。
J　バニラアイスもそうだね！　100円のアイスがグレードアップした味になる。
S　雪見だいふくはもちもちの皮と合いそうだと思っていたけど…、口の中でけんかしちゃっている感じでした。

＼ フードディレクター ／

# 野村友里さんのピーナッツバター

雑誌などで彼女が紹介する食材は熱心なフォロワーを生み、主宰する「restaurant eatrip」は憧れの隠れ家レストランとして大人気。「食」の感度のいい人たちが、今もっとも信頼を寄せるフードディレクター・野村友里さんとピーナッツバターの関係とは…！？

**Profile**

ケータリングの演出や料理教室、雑誌の連載、ラジオ番組等で活躍。著書に「eatlip gift」（マガジンハウス）
>http://www.babajiji.com/

## 私の朝ごはん

サワーブレッドなど全粒粉系のパンにピーナッツバターをたっぷり。今日はリンゴジャムをのせました。フレッシュフルーツもおいしいです。あら塩をパラッとすれば甘みが引き立ちます。誰かが泊まりに来た朝は、コーヒーと焼き立てパンと一緒にこんなふうに出したりします。

「小さい頃、遠足のお弁当がサンドイッチの時は、母が作ったピーナッツバターとブルーベリージャムのロールサンドが卵やハムのサンドイッチの他にお楽しみとして入っているのが嬉しかったです。昔はピーナッツバターといえばスキッピー。アメリカのメジャーブランドで、それをよく食べていた思い出があります。

次にピーナッツバターに目覚めたのは、ナッツ王国、カリフォルニア。さすがナッツの名産地で、向こうのピーナッツバターはすごくフレッシュでおいしいんです。それからすっかりハマって、日本でもピーナッツを買って帰っては、自分で挽いてよく作ってたんですね。ちょうどその頃、タイミングよく友達に紹介されたのが、HAPPY NUTS DAY。自分で作るのもいいけれど、もっとおいしいピーナッツバターがあれば食べてみたい！　と思うのは、自然ななりゆき。千葉産の新鮮なピーナッツを使って、無添加で焙煎にこだわった手作りのピーナッツバター。作ってるのはサーフィンとスケボーが好きで千葉に移り住んだ若者たち。考え方もノリも、全部がすごくいいなと思って、一緒にやろうよと。それで「restaurant eatrip」に置いたら、あっという間に口コミで広がって、都内中探し回って買いにくるようなマニアックなファンがいる人気商品に。いいな、と思った勘に、間違いはなかったです（笑）

手づくりのピーナッツバターを始めるというのは、とても小さなことかもしれない。でも、ピーナッツはいろんな国で愛されていて、毎日の食卓にあって欲しいものだから、千葉から生まれたピーナッツバターが、アメリカでも愛されるかもしれないし、お店で売るだけじゃなくて、パンを作る人、コーヒー店を始める人と組んで、新しい何かが始まるかもしれないし。そうして、おいしいものがストーリーを中心に広がっていったらいいなと思うんです」

ところで「restaurant eatrip」のスイーツに、ピーナッツバターとブルーベリージャムのクッキーがあります。これは、野村さんのお母さんのロールサンドの味だったんですね。

見つけた！
注目インスタグラマーをピックアップ

# わたしの大好きなピーナッツバターレシピ

@kaonakao
登山大好き。アクティブ派の主婦。

### 元気が出る！パワフルブレックファースト

「トーストしたイングリッシュマフィンを半分に切って、ピーナッツバター、バナナ、ハチミツをオン。バナナをたっぷりのせるのがお気に入り」

@icmra
パンとパンケーキが大好きな会社員。

### どんな時もごきげんになれるパンケーキ

「どうしても、元気が出ない朝。仕事に行く気力が出ない時、励ましてくれるのがパンケーキ。ピーナッツバターとバターを塗っていただきます！」

@mamuu0924
OL。ピーナッツバター愛用歴１年。

### 毎日の朝食がわたしの幸せ時間

「時間がなくても、パンとフルーツがあれば朝はそれだけで幸せ。トーストにピーナッツバターを厚めに塗って、スライスしたイチゴをのせるだけ！」

@kao_roni
マイブームは具だくさんサンドイッチづくり。

### ピーナッツバターがおいしいアクセント

「大葉のジェノバソースを使ったチキンとピーナッツバター和えのゴボウサラダ。さらに野菜もたっぷり。この組み合わせ、かなり好き」

@tanji7617
おうちごはんは野菜中心。米作り見習い。

### ピーナッツバターと野菜は至福のコンビ

「ピーナッツバターは我が家に欠かせない調味料。しょう油とみりんを合わせて明日葉和えを作りました。ほうれん草や春菊、きのこにも合う！」

@yuhkat
アパレル勤務、ときどきサロンモデル。

### 甘い物が食べたい日に作るおうちおやつ

「厚切り食パンで作る卵多めのフレンチトーストは、生地の甘さは控えめにしてピーナッツバターをたっぷりとかけるのがマイルール」

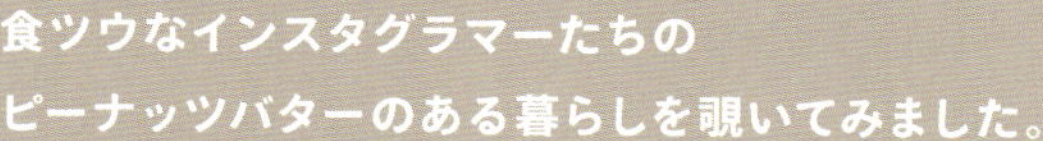

食ツウなインスタグラマーたちの
ピーナッツバターのある暮らしを覗いてみました。

@micishikawa
会社員。旅行とコーヒーがあれば幸せ。

### キャンプで食べるシンプルトースト

「アウトドアごはんで必ず持っていくのがピーナッツバター。網でこんがり焼き、厚めにたっぷり塗って、かぶりつくこの瞬間が極上のひととき」

@namisoma
子どもが安全に食べられるごはんを日々開発中。

### いつもの冷やし中華がグレードアップ

「一年中食べたい大好きな冷やし中華用。ピーナッツバターをベースにしたタレを作ってみたらさらにおいしい！ 子どもも大好きな味」

@mandd_yumi
野菜とフルーツのスペシャリテストアに勤務。

### 山盛り野菜もあっという間にペロリ

「市販のゴマドレッシングとピーナッツバター、玉ねぎのみじん切りをバンバンジーのタレに。仕上げにラー油をたらすと、おいしさぐんとアップ」

@1984momo0331kazu2014
2歳の息子のママ。趣味は食器集め。

### 豪華3点盛りのバナナ入りパンケーキ

「バナナを練り込んだパンケーキは家族みんなの大好物。キャラメルソースとバター、ピーナッツバターの３つが混ざり合う味はもう最高！」

@xxosakanaxx
パンとパンのお供をこよなく愛するOL。

### 食べ比べる、至福の朝ごはん

「お気に入りのジャムとピーナッツバターで朝ごはん。ちっちゃめの食パンにいろんな種類を少しずつ。幸せな食べ比べで一日をスタート」

@hamumi_39
手づくりおやつが趣味。グラフィックデザイナー。

### 簡単！ピーナッツバターマフィン

「ホットケーキミックスにピーナッツバターを混ぜてマフィン生地に。バナナをトッピングしてオーブンで焼くと、バナナの甘みでさらにおいしい」

見つけた！
注目インスタグラマーをピックアップ

# わたしの大好きな ピーナッツバターレシピ

@momo1012
カフェめぐりを楽しむ５歳の息子のママ。

## 息子も大好きな夏のおやつ

「バナナとピーナッツバターの自家製アイスクリーム。ピーナッツバターとバナナの甘さを活かしたいから砂糖は控えめがマイルール」

@ asa_gohann
夫と０歳の娘と暮らす、働く主婦。

## お弁当が抜群においしい㊙タレ

「ピーナッツバター＋マヨネーズ＋レモン汁＋マスタード＋白ごまのディップをゆで野菜に添えてお弁当に。コクがあっていくらでも野菜が食べれる！」

@torianon424
ピアノ弾き。趣味はアートと食べ歩き。

## 特別な日のおもてなしチキン

「芽キャベツの上に丸ごとチキンをのせてオーブンへ。チキンに塗ったソースは、ピーナッツバターとマスタード、オリーブオイルを合わせるだけ」

@y_444
ぬいぐるみ作家。娘のおやつは手づくり。

## 娘が笑顔になるピーナッツバター

「おやつに米粉パンケーキ。全然膨らなかったけど、小ぶりだから娘たちはピーナッツバターをたっぷりつけながらパクパクとおかわり」

@hotapotashop
セレクト食器を扱うショップオーナー

## 息子と食べるほっこり朝ごはん

「トーストにピーナッツバターを塗って、スライスバナナをのせてシナモンをたっぷり。息子は牛乳と一緒に食べるのがお気に入り」

@yosaiso
朝ごはんはワンプレート派。OL。

## バタバタな朝もワンプレート

「フルーツとバケット、コーヒーの朝ごはん。フルーツを切ってお皿に盛るだけの手抜き朝食ながらもピーナッツバターがあるだけで幸せ！」

@kuu_diary
3 匹の猫と暮らす、パン好き主婦。

**カリッと 焼ける焼き網 にハマり中**

「食パンは 5 枚切りがお気に入り。4 枚じゃ厚すぎるし、6 枚だとちょっと物足りない気分。こんがりと焼き色がついたトーストに贅沢に塗ります！」

@jolijolidayo
大好きな器で食べるおうちごはんが好きです。

**我が家の 栄養たっぷり 朝ごはん**

「ハッピーな朝のスタートに欠かせないのは、目玉焼きとウインナー。そして、ピーナッツバターとバターを一緒のせたパンなんです」

@kotobukisch
HAPPY NUTS DAY のメンバー。

**白玉の ピーナッツバター ぜんざい**

「ピーナッツバターと牛乳を鍋に入れて、温まったら葛粉でとろみをプラス。その中に白玉を入れたらでき上がり。目分量で作っても失敗なし！」

@tsukuc
保育士補助。ピーナッツバター愛用歴半年。

**夜ごはんの おいしい 定番です**

「初めてピーナッツバターを料理に使用！ 豆腐と混ぜたディップはコクがあっておいしく、家族みんなに好評。我が家の定番メニューに仲間入り」

@m_a_r_i_55
器集めと冷えとりが趣味。2 児のママ。

**休日の 大好きな 朝ごはん**

「食パンにピーナッツバターとマシュマロをのせたトースト。マシュマロも一緒にトーストすると熱々でとろとろ。子どもも私も大好物！」

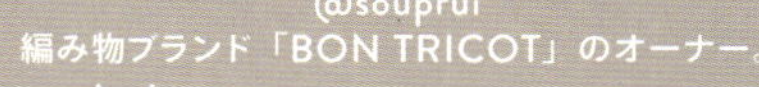

@souprui
編み物ブランド「BON TRICOT」のオーナー。

**アイスと ケーキの プチデザート**

「夕食後のデザート。バナナとピーナッツバターを入れた手づくりのパウンドケーキを一口大にカット。バニラアイスをトッピングしてミニパフェ風に」

見つけた！
注目インスタ
グラマーを
ピックアップ

# わたしの大好きな ピーナッツバターレシピ

@nao_cafe_
元気になれるお菓子作りが趣味。

**ふかふか
食パンに
サンドします**

「家族の朝ごはん。真ん中にあるのがピーナッツバターサンド。厚切りの食パンの耳を取ってふかふかの食感だけを楽しむのが我が家流」

@sucresale_chika
フレンチベースの多国籍料理のケータリングを主宰。

**香ばしくて
愛おしい
マフィン**

「おやつはピーナッツバターを生地に練り込んだバナナマフィン。バナナとほんとうによく合う！ ピーナッツの香ばしさがたまらないおいしさ」

@natsuyo614
ヘルシーお弁当生活を実践中。サラリーウーマン。

**お弁当に
合う、
野菜の和え物**

「お弁当のおかずの定番、ほうれん草和えをピーナッツバターで作ったらとてもおいしい！ しょう油とお砂糖、だし汁にほんの少し加えるだけ！」

@m_m_1_12
朝はパン派の主婦。オープンサンドが好き。

**食べやすく
バナナは
カット**

「我が家は食パンをトーストしてからピーナッツバターを塗って、バナナをトッピング。バナナは切り込みを入れてピースマークにアレンジ」

@ysk_yy
ネイルとお酒、おいしいものがあれば幸せ。

**ベーグルサンド
の中身に
注目！**

「キャロットラペ＋ピーナッツバター、わかめ＋粒マスタード＋パルメザンチーズのベーグルサンド！ また作りたくなるおいしい組み合わせ」

@nachumi0723
息子（10ヵ月）と夫の毎日のごはんを作る日々。

**朝の
簡単
タルティーヌ**

「薄くスライスしたきゅうりとアボカドをカンパーニュにオン。それだけじゃ物足りないからピーナッツバターのタルティーヌも添えていただきます！」

@happynutsday
HAPPY NUTS DAY の代表中野剛です。

**グットモーニングパンケーキ**

「フライパンに、"GOOD MORNING" と生地を垂らして書く。
焦げ目がついたら、生地をドバっと！
ピーナッツバターは生地に練りこんでも◎」

＼こだわりを探す／

# ピーナッツバターライフを叶える、ショップ案内

## このま食堂

広島を中心に全国のおいしいもの、こだわりのあるもの、物語があるものを中心にセレクトした食のショップとカフェを融合。毎日仕入れる新鮮な果物や野菜のコールドプレスジュースもあります。

広島県広島市中区大手町2-6-30 前田ビル2F　TEL070-5306-5430
営業時間12:00〜19:00　月〜水曜休
>http://conoma-shokudo.tumblr.com/

## パン工房　森のぶどう

「安全」、「安心」、「体によい」、「美味しい」をテーマに、天然酵母・国産小麦を使用したこだわりのパンを焼いています。アレルギーをお持ちの方のために、卵・乳製品不使用のパンも作っています。

福岡県大野城市牛頸4-13-16
TEL092-915-5151
営業時間9:00〜17:00　水曜休
>http://ameblo.jp/morinobudou/

## FARMSHOP

「Farm to table」をテーマにローカル・少量生産にこだわったカリフォルニアスタイルのハイカジュアルレストラン。生産者の顔が見える安心で新鮮な食材をベースにした料理を楽しめます。

東京都世田谷区玉川2-27-5 玉川高島屋S・C マロニエコート1F　TEL03-5491-7737
営業時間8:30〜23:00　不定休
>http://farmshop.jp/

本書でピーナッツバターの楽しみ方を紹介してくれた食ツウたちが営むショップ。ピーナッツバターと一緒に食べたいパンや、食材から素敵な器など、こだわりのアイテムが揃います。

## THE ROASTERS

元はみかん倉庫だった場所をリノベーション。各国の生産地から厳選したスペシャルティコーヒー豆のみを使用し、それぞれの特性に合わせ、個性を引き出す焙煎がモットー。

和歌山県和歌山市大河内547-6
TEL073-463-4841　営業時間10：00〜17：00　火・水・土・日曜休
>http://www.theroasters.jp/

## BrooklynRibbonFries

「螺旋状にカットされたフライドポテトと手作りジンジャーエール」が名物のお店。螺旋状にカットされたフライドポテトはポテトの風味を活かしたおいしさ。

東京都目黒区東が丘2-14-11　TEL03-6413-8185　営業時間11：00〜17：00（16：30〜テイクアウトのみ）、18：00〜22：30（〜24：00金・土）　月曜休
>http://brooklynribbonfries.com/

## good design market KÖK（ショーク）

店名は、北欧・スウェーデンのことばで、キッチンを意味します。家族の誰もが一日に過ごす、家庭の中心であるキッチンのように、年齢や性別に関係なく集えるショップがテーマ。「衣・食・住」幅広いジャンルから独自の視点でセレクト。

神奈川県藤沢市南藤沢8-1-A103　TEL0466-23-4528
営業時間11：00〜20：00　不定休
>http://gooddesignmarketkok.jp/

＼こだわりを探す／

# ピーナッツバターライフを叶える、ショップ案内

## DEAN & DELUCA
### 六本木

1977年NYのソーホー地区にオープンしたのが始まり。世界中のおいしいものをあつめた、食する喜びを伝えるセレクトショップ。

東京都港区赤坂9-7-4 東京ミッドタウン B1
TEL 03-5413-3580
営業時間11：00～21：00　休なし
>http://www.deandeluca.co.jp/

## FOOD&COMPANY

オーガニックの新鮮な野菜とこだわりの食材を販売する食料品のお店。ふらりと立ち寄って、おいしいものの知識を増やしたり、食材から晩ごはんのインスピレーションをわかせたり。おいしいきっかけの場が、ここです。

東京都目黒区鷹番3-14-15
TEL 03-6303-4216
営業時間11：00～22：00　休なし
>http://store.foodandcompany.co.jp/

## Ustyle（ユースタイル）

「自分の暮らしを愉しむこと、それは自分のスタイルを持つこと」がコンセプト。自分らしいスタイル作りのきっかけとなる家具やインテリアツールを国内外よりセレクト。暮らしを豊かにするヒントがいっぱいです。

青森県青森市浜田豊田504　TEL 017-762-1885　営業時間10：00～18：00（11：00～火曜）　水曜休
>http://www.ustyle.net

## Nick

精肉店ながらも、ローストビーフなどのメニューがビールやワインと共に楽しめる、新しいスタイルのミートショップ。ショーケースからお肉を選んで、グリルをして店内で食べられるという画期的サービスが人気。

兵庫県神戸市中央区中山手通3-10-12
TEL078-262-1147
営業時間11:00～20:00　休なし
>http://nick.co.jp

## 84(はちよん)

日々の生活を豊かにする食材と暮らしまわりの日用品を扱うセレクトショップ。品質や人柄、その背景に焦点を当てたアイテム選びがモットー。それぞれのアイテムにまつわるストーリーを知れば愛着がより一層わきます。

広島県広島市中区幟町7-10
TEL082-222-5584
営業時間11:00～18:00　水・日曜休
>http://84-hachiyon.com/

## 白楽ベーグル

シンプルなプレーンベーグルや全粒粉ベーグルの他、季節の食材を使ったベーグルなど、さまざま。毎シーズンごとの味を楽しみにするファンが多い。

神奈川県横浜市神奈川区六角橋3-3-15
TEL045-628-9771
営業時間10:00～19:00　水・木曜休
>http://hakuraku-bagel.com/

\ こだわりを探す /

# ピーナッツバターライフを叶える、ショップ案内

## NEIGHBORS BRUNCH
**with パンとエスプレッソと**

表参道の名店「パンとエスプレッソと」とのコラボレーション店です。毎日店内で焼き上げるパンはイートインもOK。

東京都立川市錦町1-9-14　TEL042-595-6868　営業時間7:00〜18:30（土・日・祝日8:00〜）　第1・3水曜休（祝日などの関係で前後する場合がある）
>http://neighbors-brunch.com/

## CORNER STORE

家具やキッチンアイテム、ファブリックなど暮らしを彩るぬくもりあるアイテムをセレクトしたショップ。センスよくディスプレイされた店内は、真似したくなるアイデアがいっぱい。

徳島県徳島市沖浜東3-43
TEL088-678-8105
営業時間11:00〜19:00
木曜休
>http://www.corner-web.com/

## 宮崎 上水園

植物が本来もつ自生する力を引き出す、栽培方法にこだわってお茶づくりをしています。自家茶園の茶葉100%の"バイオ茶"は30分で水出しできる手軽さで雑味のない澄んだおいしさ。無農薬栽培で子どもも嬉しい。

宮崎県北諸県郡三股町大字樺山2759番地
TEL0986-52-2153　営業時間9:00〜18:00　日・祝休（時期により異なる）
>http://kamimizuen.com/

## エスケールカフェ

「シンプル＆スタンダード」をモットーに、余計なものを加えず食材のおいしさを引き出すパンやハンバーガーは地元の人はもちろん、遠方からも来訪するほど。

兵庫県西宮市山口町上山口4-1-18
℡078-903-0761
営業時間11：00～22：00
月・第３火休（祝日の場合は翌日休）
>http://yakitate-pan.com/

## graf Shop&Kitchen

人と人とのつながりを考え、モノとその先にある作り手の想いが出会うきっかけを提案。生活を豊かにするショップと食のスペースでは様々なイベントがあり、常に新鮮な発見が。

大阪府大阪市北区中之島4-1-9 grafstudio1F
℡06-6459-2100
営業時間11：00～19：00　月曜休（祝日の場合は翌日休）
>http://www.graf-d3.com/

## BAR INC

重厚な鉄扉を開けると、街の喧噪とはうって変わったヴィンテージのアンプとスピーカーが置かれたシックな空間。フレッシュオイスターとドラフトギネスがおいしい、働く大人のためのバーです。

兵庫県神戸市中央区加納町2-8-12 アドレス新神戸 1F　℡078-261-9880
営業時間19：00～翌5：00　休なし
>http://www.bar-inc.co.jp/

# おわりに

スケボー仲間達と、すり鉢からピーナッツバターをつくり始めて3年。僕自身、本業であるブランディングの一つとしてHAPPY NUTS DAYに携わるつもりが夢中になりすぎ、ありがたくも本まで出版させて頂ける事に。今ではHAPPY NUTS DAYがこれからの日本のピーナッツ産業を盛り上げる！　なんて勝手な使命感すら覚えています。

HAPPY NUTS DAY取扱店舗の仲間達、そしてピーナッツバター好きのみんなのアイデアは本当に素敵で、本書にとってかけがえのないパートとなりました。また、日々スタッフと共に沢山の食べ方に挑戦し、何十種類ものジャムをピーナッツバターと合わせて食べ比べたり。もっと、気軽に楽しく食べられる方法を探るために、コンビニにある食材との食べ合わせを実験したり。僕自身も本書を通じて、今まで知らなかった沢山の楽しみ方を知り、更にピーナッツバターを好きになる事ができました。また、これだけの素敵なピーナッツバター好きの方々と共に一冊を作り上げられた事を心から嬉しく思います。ご協力頂いたみなさん、本当に有り難うございました。

改めて、本書がみなさんの日々を彩りますように！

HAPPY NUTS DAY

代表取締役 中野剛

著者プロフィール

**HAPPY NUTS DAY**

千葉県・九十九里の沿岸から生まれたピーナッツバターブランド。ピーナッツバターの原料は、千葉県産の落花生と千葉県九十九里産の海塩に、北海道産のてん菜糖のみ。「オールナチュラルの香り高いピーナッツバター」として発売当初から話題となる。2016年春より、「School of Peanut」としてピーナッツの種植えや収穫などの農業体験スクールをスタートした。

>http://happynutsday.com/


ブックデザイン　一ノ瀬雄太（cekai）
イラスト　とくながあきこ
取材　内田理惠（P112-113）
撮影　田尻陽子（P14-61），高木康行（P62-63），田川優太郎（P66-67），平岡尚子（P110-111），仲琴舞貴（P104-107, 112-113），mizuki kin（P108-109, 127），山田薫（P11, 12-13）
編集　森田有希子

撮影協力　柳瀬真澄，やなぎさわまちこ，宮川順子，wato，cekai tokyo
ジャム専門店Clarte >http://www.jam-clarte.com/
DUNNETTS >http://dunnetts.jp/

いろんな食べ方大発見！ 毎日を笑顔にするとっておきレシピ
**ピーナッツバターの本**　NDC596

2016年7月16日　発　行

著　者　HAPPY NUTS DAY
発行者　小川雄一
発行所　株式会社　誠文堂新光社
〒113-0033　東京都文京区本郷3-3-11
編集｜電話 03-5805-7285
営業｜電話 03-5800-5780
http://www.seibundo-shinkosha.net/
印刷所　株式会社 大熊整美堂
製本所　和光堂　株式会社





ISBN978-4-416-71605-2